# La Compréhension est la clé

Un Guide complet pour créer une relation à vie avec votre jeune cheval

Par Gabriele Neurohr

Traduit de l'anglais par
Camille Faye et Antonino Gallo

**Illustrations:**
Ariane Vassena
Inge Wurzinger, Wurzinger Design
**Traduction de l'anglais:**
Camille Faye
Antonino Gallo

Copyright © 2019 Gabi Neurohr. Tous droits réservés.

Aucune partie de ce document ne peut être utilisée, reproduite, distribuée ou transmise sous quelque forme et par quelque moyen que ce soit, y compris la photocopie, l'enregistrement ou d'autres méthodes électroniques ou mécaniques ou par un système quelconque de stockage et de rappel des informations, sans l'accord préalable écrit de l'auteur, à l'exception de brefs extraits dans une critique.

Ce livre est seulement destiné à fournir des informations générales sur l'éducation du cheval. Ni l'auteur ni l'éditeur ne fournissent de conseils juridiques ou autres conseils professionnels. Si vous avez besoin de l'avis d'un professionnel, vous devriez demander conseil au professionnel agréé approprié. Ce livre ne fournit pas des informations complètes sur le sujet traité. Ce livre n'est pas destiné à répondre à des exigences particulières, que ce soit pour une personne ou une organisation. Ce livre est destiné à être seulement utilisé comme guide général, et non comme une unique source d'information sur le sujet traité. Bien que l'auteur ait déployé des efforts diligents pour s'assurer de la précision, il n'y a pas de garantie d'exactitude ou de l'absence d'erreurs, d'omissions ou d'erreurs typographiques. Toute offense à des personnes ou des organisations sont involontaires. Toute référence à toute personne ou organisation, qu'elle soit vivante ou décédée est purement fortuite. L'auteur et l'éditeur ne pourront être tenus responsables de toute personne ou entité et déclinent par la présente toute responsabilité, y compris sans limitation, la responsabilité des dommages indirects à l'égard de toute réclamation, les pertes ou dommages qui ont pu être encourus, ou présumés avoir été encourus, directement ou indirectement, provenant des informations fournies dans ce livre.

# Dédicaces

A toi, le propriétaire d'un cheval avec un rêve : ce rêve mérite d'être réalisé car les chevaux remplissent notre vie et notre cœur de magie malgré toutes les larmes, l'argent et les efforts que nous y consacrons. Je dédicace ce livre à TOI, pour t'aider TOI à atteindre ton rêve, celui d'une relation épanouissante avec cet être merveilleux, ton cheval.

A mes parents, qui m'ont appris que le véritable bonheur se trouve en suivant et en réalisant ses rêves, et pas nécessairement dans l'argent. Merci de m'avoir toujours soutenue avec tant d'amour !

A Marie-Claire de Selliers, qui m'a soutenue partout là où elle le pouvait pour m'apprendre et me faire évoluer. Elle m'a donné l'opportunité de travailler et de gagner l'expérience nécessaire dans ses magnifiques écuries au milieu de la France. La gratitude que j'ai ne peut être exprimée par des mots.

A mon mentor qui m'a le plus influencée, Berni Zambail, qui m'a montré la voie qui mène au cœur de mon cheval, Mazirah. Il m'a montré comment écouter les chevaux à cœur ouvert et comment avoir une relation basée sur la compréhension mutuelle.

A mon mari, qui croit toujours en moi et me soutient, moi et ma vision un peu folle de consacrer ma vie à mon amour pour les chevaux et à le partager avec les autres.

A mes chevaux qui remplissent ma vie de magie, de joie et de bonheur. Je les remercie de m'avoir aidée à devenir qui je suis aujourd'hui.

# Sommaire

Préface .................................................................................................. 1
Introduction ......................................................................................... 3

Partie 1 : Se comprendre soi-même .................................................. 11
    Le Rêve qui nous habite ................................................................ 13
    Les Ressources dont vous avez besoin ........................................ 25
    Une Nouvelle vision du leadership .............................................. 39
    Le Meilleur état d'esprit ................................................................ 59

Partie 2 : Comprendre votre cheval .................................................. 69
    Le Cheval : une proie .................................................................... 71
    L'Apprentissage des chevaux ....................................................... 89
    La Personnalité unique de votre cheval ..................................... 115
    Les Besoins naturels d'un cheval ................................................ 143

Partie 3 : Comprendre le processus ................................................ 157
    Du Poulain au cheval de vos rêves ............................................. 159
    Créer un plan d'entraînement solide .......................................... 185
    Construire la relation de vos rêves ............................................. 201
    Faire de votre cheval un élève heureux ..................................... 217
    Mots de la fin ............................................................................... 247
    Références .................................................................................... 249

# Préface

## Par Berni Zambail

Spécialiste du développement du jeune cheval, coach en réussite pour chevaux et humains

J'ai passé ma vie avec les chevaux, au début comme maréchal-ferrant, puis comme entraîneur de chevaux à plein temps et instructeur. J'ai eu l'honneur de monter et d'apprendre avec beaucoup de maîtres renommés de l'équitation, tel que Pat Parelli, Alfonso Aguilar, Desmond O'Brien, Walter Zettel, Dr Bob Miller, Mike Bridges, Bent Branderup, Manolo Oliva, Luis Lucio et Pedro Torres pour n'en citer que quelques-uns.

Un sujet qui me tient à cœur a toujours été l'éducation des jeunes chevaux, du poulain nouveau-né, tout au long de l'éducation de base et de la spécialisation. Dans mon travail quotidien, comme coach pour les propriétaires de chevaux, j'ai l'occasion de voir encore et encore comment le rêve d'éduquer et de créer une relation spéciale avec le jeune cheval finit en cauchemar. C'était habituel que les gens m'appellent et me demandent de les aider à corriger leur jeune cheval qui était devenu un cheval à problèmes. La question est : pourquoi en arrive-t-on à ce point ?

Je crois que c'est parce que la plupart des gens ne sont pas conscients de ce qu'il faut pour posséder un cheval, sans parler d'éduquer un jeune cheval n'ayant aucunes base. Souvent, je vois des personnes courir aveuglément derrière un rêve, agir de façon impulsive sans garder une vue d'ensemble à l'esprit. Un jour ou l'autre, les propriétaires de jeunes chevaux réalisent qu'ils ne peuvent pas subvenir aux besoins de leur cheval : ils découvrent qu'ils n'en savent pas suffisamment pour faire face aux défis que le jeune cheval présente chaque jour. Ils se retrouvent pris au piège dans un cycle de débordement et de frustration. Je crois que cela pourrait être évité si les gens s'armaient avec les connaissances et l'état d'esprit appropriés à l'avance. Je sais que Gabi ressent la même chose.

J'ai fait la connaissance de Gabi et de sa jument, Mazirah, en 2007 quand elle est devenue mon élève. Elle s'est retrouvée face à un dilemme avec sa jeune et fougueuse jument, un cheval vert de trois ans, que Gabi voulait éduquer toute seule. Bien sûr, au début, elle était un de ces cas que j'ai décrits au-dessus, mais elle a fait ce qui était nécessaire pour faire de son rêve une réalité. Elle est venue à moi avec l'esprit et le cœur ouverts afin d'apprendre ce qu'il faut pour atteindre le cœur de son cheval. J'ai partagé avec elle mon expérience et mes connaissances, tout particulièrement à propos de l'éducation du jeune cheval et de sa mise en place pour vivre une agréable et heureuse vie dans le monde des humains. Gabi a continué à suivre sa passion, apprenant à comprendre l'esprit et le cœur du cheval, et elle est maintenant une formatrice très expérimentée pour les couples cheval-humain. Elle parle du fond du cœur dans ce livre.

Après avoir lu ce livre, vous saurez précisément quelle sorte d'aventure vous attend avec votre jeune cheval. Gabi vous donne toutes les clés dont vous avez besoin afin d'ouvrir les portes pour faire de l'achat d'un jeune cheval un rêve, plutôt qu'un cauchemar. Je recommande ce livre à quelqu'un qui veut construire une solide et heureuse relation qui dure avec un jeune cheval, basée sur la connexion, la confiance et le respect mutuel. Je vous souhaite de trouver beaucoup de renseignements utiles en lisant ce livre et surtout beaucoup, beaucoup de moments heureux avec votre cheval !

# Introduction

Je suis née avec les chevaux dans mon ADN. Mon père n'était pas un célèbre cavalier de concours de saut d'obstacles et ma mère n'avait jamais donné de leçons dans un poney-club. Aucune personne dans ma famille n'était en contact avec les chevaux jusqu'à ce qu'ils cèdent à mes supplications. Inexplicablement, j'ai toujours été attirée comme par magie par les chevaux.

J'ai écrit ce livre pour les femmes comme moi, qui ont un jeune cheval et veulent qu'il soit un partenaire heureux et digne de confiance pour partager beaucoup d'heureuses années ensemble. Si votre objectif est que votre cheval apprécie le temps que vous passez ensemble tout autant que vous mais, en même temps, qu'il soit bien éduqué et fiable, ce livre va vous donner les clés pour y parvenir. Avant que je vous dise ce que ce livre contient, laissez-moi en premier vous dire ce que vous NE TROUVEREZ PAS ici.

Ce livre n'est pas juste une autre méthode d'entraînement pour les chevaux. La réussite avec les chevaux n'est pas vraiment une question de méthode ; il s'agit de la compréhension des principes de l'entraînement du cheval. Chaque cheval est unique, et c'est la raison pour laquelle tant de fois les méthodes standards ne marchent pas sur tous les chevaux.

Ce livre ne parle pas de rectifier les problèmes de votre cheval. Mais il peut vous aider en premier lieu à éviter les problèmes car vous comprendrez d'où ils pourraient provenir.

Ce livre n'est pas un manuel détaillé de comment-éduquer-votre-cheval, mais il vous permettra de construire un solide plan pour entraîner votre jeune cheval afin d'en faire un partenaire heureux et fiable pour la vie.

Ce livre n'est pas un suivez-votre-rêve-de-cheval-de-conte-de-fée, ni un allez-y-lancez-vous parce que ce serait irresponsable ! Toutefois, ce livre va vous apporter les connaissances dont vous avez besoin pour vous rapprocher de la réalisation de votre rêve avec votre cheval.

Ce livre n'est pas non plus un livre ennuyeux, un livre de psychologie scientifique où vous finissez avec des crampes au cerveau, en vous demandant encore plus si vous êtes en train de faire les choses correctement. Mais ce livre vous donnera une profonde connaissance sur comment les chevaux apprennent et pensent et comment vous pouvez appliquer facilement ces connaissances dans votre vie quotidienne avec votre cheval.

## Jeune cheval, grande responsabilité

Vous avez peut-être acheté un jeune cheval parce que vous voulez commencer sur une ardoise vierge, être en charge de son éducation et progresser ensemble. Peut-être que vous avez déjà eu des expériences négatives en achetant un cheval avec des mauvaises habitudes qui s'accompagnaient d'un bagage émotionnel. A présent vous visez à empêcher que la même chose ne se reproduise encore et veillez à ce que votre cheval n'ait pas de mauvaises expériences. Votre objectif pourrait être de développer non seulement un partenaire instruit et fiable pour la vie mais surtout une unique et heureuse relation avec votre cheval. Peut-être que le cheval que vous avez à l'heure actuelle est vieux et que vous voulez encourager doucement votre nouveau partenaire. Quelle que soit votre raison pour avoir un jeune cheval, le voyage qui vous attend sera rempli de joie.

Naturellement, avoir un jeune cheval s'accompagne d'un grand sens des responsabilités. Nous ne voulons pas gâcher quoi que ce soit. Vous avez peut-être entendu beaucoup de professionnels dire qu'un jeune cheval n'est pas pour un cavalier amateur et que vous feriez mieux d'en prendre un plus âgé, un cheval expérimenté. Mais vous êtes là, avec un jeune cheval et tant de questions dans votre esprit auxquelles vous aimeriez répondre. Oui, vous n'avez peut-être pas l'expérience d'un professionnel. Par chance, vous avez d'autres atouts de votre côté : votre bonne volonté pour bien faire les choses, ainsi que votre enthousiasme et votre amour pour ce projet. Je vous comprends très bien.

## Ma propre recherche d'une feuille de route

Je me rappelle clairement quand je venais juste d'acheter Mazirah, peu après mes dix-sept ans. C'était une jument arabe shagya de trois ans très sensible. J'étais pleine d'enthousiasme, d'espoir, d'idées et de bonne volonté pour bien faire les choses pour elle. Je n'avais pas beaucoup d'argent mais j'investissais chaque centime que j'avais pour acheter des livres d'entraîneurs de chevaux réputés, dont Monty Roberts, Linda Tellington Jones, Richard Maxwell, Klaus Ferdinand Hempfling et beaucoup d'autres.

J'avais tant de questions et je cherchais une feuille de route pour me montrer comment faire évoluer ma petite jument pour qu'elle devienne le futur cheval de mes rêves. Que dois-je enseigner ? Dans quel ordre dois-je enseigner les exercices ? Suis-je en train d'en faire trop ou pas assez ? A quoi dois-je faire attention ? Comment puis-je savoir si je peux passer à l'étape suivante ? Que dois-je faire quand les choses ne fonctionnent pas ? Comment un cheval apprend-il et comment m'adapter à la nature unique de mon cheval ? Comment puis-je mettre en place la séance de manière à ce que Mazirah ait plaisir à apprendre et à passer du temps avec moi ? Mon objectif numéro un était que nous devenions de véritables amies et qu'elle veuille faire des choses avec moi.

Mais aucun des livres que j'ai lus n'a répondu à mes questions. J'avais besoin d'une feuille de route que je pourrais utiliser avec mes capacités d'amateur. Certains livres me donnaient le comment-faire pour certains exercices, mais le problème était que la méthode décrite ne fonctionnait souvent pas car Mazirah n'était pas comme le cheval du livre.

Nous progressions petit à petit pendant notre premier été ensemble. Très vite, j'ai commencé à l'emmener en extérieur, comme je n'avais pas de carrière. C'est là qu'elle a commencé à être sur la défensive et à être très émotive. Elle était facilement effrayée, se battait contre le mors constamment, et elle était devenue très difficile à arrêter. Elle ruait et m'embarquait tout le temps. Nous avons eu plusieurs accidents pendant lesquels elle prenait la main, et nous nous retrouvions dans des situations très dangereuses.

Quand elle a eu cinq ans, mes parents ont construit une petite carrière recouverte de copeaux de bois pour que je puisse monter. Je pensais que pour résoudre mes problèmes avec Mazirah, je devais l'éduquer, mais même dans cette carrière, elle était tendue, elle ruait et se battait contre le mors. Nous sommes même tombées quelques fois au galop, je suis devenue nerveuse, et très vite je n'ai plus jamais galopé. Je faisais tout ce que je pouvais pour bien organiser les séances, pour être patiente, pour rester calme. Mais de temps à autre je perdais mon sang-froid et cela retombait sur Mazirah.

J'étais dévastée. Mon rêve s'effondrait. A présent elle n'avait aucune raison de vouloir être avec moi. Et elle le montrait. Chaque fois qu'elle me voyait arriver, portant mes bottes d'équitation, elle partait tout simplement. Cela me prenait trente minutes pour l'attraper dans le pré. La frustration que je ressentais était étouffante. Je voulais juste me cacher.

Et ensuite la première pouliche de Mazirah, Mayana, est née. Je me rappelle clairement la nuit de la naissance de Mayana. Je me suis réveillée car je rêvais de Mazirah. Je me suis levée, je suis allée dans les écuries en pyjama, et la pouliche était là, elle venait de naître. Je me rappelle la regarder faire ses premiers pas en chancelant, cherchant les mamelles. Et je me suis promis que je ne construirais pas avec elle la même relation que j'avais avec sa mère. J'ai pris une décision : j'allais me faire aider et faire tout ce qui était nécessaire pour construire une relation épanouissante et durable que nous apprécierions toutes les deux. J'ai pris la décision de faire de son intégrité et de son bonheur ma priorité, car si elle était heureuse dans notre relation, je le serais aussi.

Introduction

# Atteindre le cœur de mon cheval

Je me suis engagée dans un voyage avec cent pour cent de détermination afin d'apprendre les secrets de la façon d'atteindre le cœur d'un cheval. Après avoir fini ma formation professionnelle en « élevage et soin des chevaux », j'ai décidé que mon apprentissage était loin d'être terminé. Comme je n'avais toujours pas d'argent pour les cours et les leçons, je suis devenue une 'working student' chez Berni Zambail pendant six mois.

Cette expérience a sauvé mon rêve. J'ai appris de nombreux secrets sur les chevaux, ce dont mon cheval a vraiment besoin et comment tout expliquer à Mazirah. J'ai appris ce qu'il faut pour gagner la confiance de mon cheval et construire un lien, et pour établir la connexion que j'avais toujours rêvé d'avoir.

J'ai appris à me connaître et à développer le leader qui est en moi. J'ai appris à comprendre profondément la nature de mon cheval et comment elle perçoit le monde sans projeter aucune pensée humaine sur elle. Et j'ai appris à comprendre le processus, l'ordre des séances de travail, ce qu'il faut pour éduquer un cheval étape par étape pour qu'il devienne un partenaire heureux et fiable. Peu après, Mazirah ne s'enfuyait plus, mais m'accueillait à la porte du pré. Ce fut la meilleure réaction que je pouvais obtenir d'elle, me confirmant que j'étais sur la bonne voie.

Les années passèrent, je continuais à apprendre, à lire et à étudier. Je réussissais à faire de ma passion mon travail quotidien dans les écuries de Marie Claire de Selliers au cœur de la France. J'ai commencé à dresser des chevaux pour d'autres personnes, ou à les aider quand ils traversaient des problèmes avec eux. J'ai rencontré tellement de gens, qui comme moi, avaient un rêve brisé. C'est devenu ma passion d'aider les chevaux à mieux comprendre leur propriétaire et d'aider les propriétaires à mieux comprendre leurs chevaux. Je travaillais avec des chevaux et des cavaliers qui pratiquaient toutes sortes de disciplines : des cavaliers de loisir qui voulaient profiter des balades, des cavaliers qui pratiquaient l'équitation western, qui aimaient le reining et aller dans des compétitions de trail, des cavaliers d'obstacles dont les chevaux ne voulaient pas monter dans le van, ce qui rendait impossible le fait d'aller en compétition, des cavaliers de dressage dont les chevaux refusaient d'entrer dans la carrière de dressage ; des gens avec de l'expérience dans l'équitation et le travail de base ; et des gens qui n'avaient pas d'expérience du tout. Mon objectif a toujours été d'apporter de la compréhension et de la paix dans les relations cheval-humain.

J'ai compris que ce n'était pas vraiment quel exercice faire quand, ou quelle méthode était bonne ou mauvaise, ou quelle technique ou outils utiliser. Au contraire, ce qui compte vraiment est de comprendre les principes d'une bonne équitation et d'agir par amour pour le cheval.

## La Réussite commence avec vous

Il s'agit d'apprendre à vraiment se comprendre, prendre conscience de ses rêves et de sa motivation, développer le leader à l'intérieur de soi, et adopter un état d'esprit basé sur la conscience de soi. Il s'agit d'apprendre à comprendre en profondeur la nature du cheval, comment les chevaux apprennent, pensent et perçoivent le monde autour d'eux. Il s'agit de comprendre le processus d'éducation du cheval et de créer avec conscience la relation que nous souhaitons avoir. Ce livre a pour but de VOUS donner les moyens de réussir en vous apprenant à vous connaître, connaître votre cheval et le processus afin que vous puissiez prendre des décisions indépendantes sur ce qui fonctionne et ce qui ne fonctionne pas pour votre cheval qui est unique et vos objectifs personnels.

Je pourrais vous donner un poisson, mais vous en tireriez plus d'avantages si je vous apprenais à pêcher. En comprenant les principes, vous serez capable de décider pour vous-même et de devenir indépendant de n'importe quelle méthode d'entraînement. Ce livre va démystifier le cheval et ce qu'il faut faire pour atteindre des résultats incroyables.

Chaque fois que je vais au pré rejoindre ma jument Mayana, les meilleurs jours sont ceux où elle répond à mon appel avec un doux hennissement et qu'elle vient de loin pour me rejoindre. Cette chose toute simple, qu'elle veuille passer du temps avec moi, remplit mon cœur de bonheur. C'est un aperçu du rêve devenu réalité.

En été, quand les champs ont été récoltés, je vais souvent avec Mayana faire de longs, rapides galops dans les champs, elle ne porte rien, si ce n'est une cordelette autour de l'encolure. La puissance, la vitesse, la crinière au vent, la poussière soulevée par les sabots, juste nous, nous envolant vers le soleil couchant, indomptées et sauvages : cela me fait me sentir libre et connectée aux éléments purs de la vie, à la puissance, à l'exubérance, à la beauté et à la liberté ! J'ai tenu la promesse que je m'étais faite : faire de mon cheval un cheval heureux et avoir une relation épanouissante pour nous deux ,avec Mayana. A présent, je veux partager avec vous comment vous pouvez laisser ce rêve d'une relation épanouissante et heureuse avec votre jeune cheval prendre vie.

## Comment utiliser ce livre

Pour tirer le meilleur parti de ce livre, je suggère d'avoir un journal et un stylo prêts à l'emploi pendant que vous lisez. Tous les chapitres se terminent avec un petit exercice pour vous aider à acquérir une plus profonde compréhension des éléments de votre rêve équin et ce qu'il faut pour l'atteindre. Effectuez les exercices rapidement après chaque chapitre lorsque que le contenu est toujours frais dans votre esprit. Ensuite, vous pouvez utiliser le livre comme une ressource à consulter quand vous rencontrez un obstacle, que vous avez quelques questions, ou que vous voulez planifier une nouvelle séance d'entraînement avec votre cheval.

J'aime garder des livres comme celui-ci sur ma table de chevet. Je lis chaque soir quelques paragraphes. Cela garde mon esprit inspiré et me permet de penser dans la bonne direction.

Commençons tout de suite !

Partie 1

# Se comprendre soi-même

Cette première partie du livre est consacrée à **vous** préparer à la réussite. J'ai vu tant de couples humain/cheval se terminer par un désastre, et la raison principale est que les propriétaires courent aveuglément derrière leur rêve. Avoir un rêve est important ; il vous donne de la force. En prenant pleine conscience de cela, vous pouvez utiliser cette force de manière à d'éviter que cela ne tourne en cauchemar.

Que faut-il de votre côté pour faire de ce rêve une réalité ? Etre réaliste, être honnête, et être conscient de vos objectifs, de vos motivations et de quelles ressources vous devez prendre en compte. Découvrir ce que j'appelle le « meilleur état d'esprit » et comment vous pouvez dévoiler le leader qui est en vous, que votre cheval veut et dont il a besoin.

Avant d'essayer de comprendre votre cheval, vous devez apprendre à vous comprendre. Votre cheval reflètera non seulement ce que vous montrez à l'extérieur, mais aussi comment vous êtes à l'intérieur, donc l'entraînement du cheval commence avec vous.

# Le Rêve qui nous habite

Pourquoi avez-vous un cheval ? Quelle question pour commencer un livre sur les chevaux ! Bien sûr, c'est parce que vous les aimez. Moi aussi. Mais pourquoi les aimons-nous exactement ? Pourquoi sommes-nous prêts à investir autant d'argent et de temps dans notre passion ? Pourquoi sommes-nous prêts à accepter toutes sortes de désagréments pour notre cheval ? C'est une question importante, et sa réponse vous donnera l'énergie de surmonter les difficultés.

C'est un fait, les cavaliers sont des personnes particulières. Les gens peuvent penser que nous sommes un peu fous avec de la paille dans notre voiture et de la boue sur nos bottes. Ils nous dévisagent tandis que nous faisons les courses dans nos culottes d'équitation sales avec notre bombe ou avec nos cheveux ébouriffés par le vent et la pluie. Notre compagnon se plaint que nous passons plus de temps avec notre cheval qu'avec lui. Nous sommes constamment fauchés car nous dépensons chaque centime pour notre cheval. Nous sortons et ramassons les crottins dans des conditions hostiles et nous empestons. Notre cheval mange plus sainement que nous le faisons et son box est plus propre que notre maison ! Nous tombons après une ruade, nous nous faisons marcher dessus et traîner, et nos chevaux sont toujours ce que nous avons de plus précieux.

Je suis devenue une folle chasseuse de rêve le premier jour où je suis montée sur un poney. Je suis exactement comme décrit précédemment, oui je dois admettre que je ne pouvais pas donner une vraie réponse à cette question jusqu'à ce que j'aie à y réfléchir sérieusement. Pendant l'été 2017, j'ai fait une mauvaise chute de Mayana pendant un entraînement pour notre prochaine course d'endurance. Je souffrais d'un grave traumatisme crânien et j'ai perdu la mémoire pendant un certain temps. Pendant plusieurs semaines, je ne me sentais plus attirée par mes chevaux. C'était comme si une partie de moi avait disparu. Donc, j'étais là, une cavalière passionnée dont la vie était faite de chevaux et qui ne le ressentait plus. Pourrais-je tomber à nouveau amoureuse des chevaux de la même façon ?

Chaque jour mon mari m'a emmenée voir mes chevaux, surtout mon poulain d'un mois, Maserati. J'avais oublié que ma jument préférée avait eu un poulain ! Cela a pris deux mois avant que je ne « le » ressente à nouveau. Mais finalement, mon amour est revenu avec beaucoup plus de clarté.

Je les aime pour ce qu'ils sont, leur beauté, leur odeur, la manière dont ils me font me sentir chez moi. Pour l'amitié qu'ils me donnent, leur réponse sans jugement, leur honnêteté. Je veux passer mes jours avec eux, dehors dans la nature avec l'odeur du foin, le vent dans mes cheveux, le soleil sur mon visage (et la pluie, aussi). Leur compagnie me donne l'impression d'avoir les pieds sur terre instantanément. J'aime sentir leurs doux naseaux dans mon cou, sentir leur souffle, et enfouir mon visage dans leur crinière. L'odeur des chevaux est le meilleur parfum de tous les temps. Je veux ressentir la puissance et la liberté du bruit des sabots, galopant dans de grands champs ouverts, m'emportant loin des obligations quotidiennes et des problèmes et me donnant un moment de liberté suspendu dans le temps.

Avec mon cheval, je sens une connexion avec une autre âme. Nous comprenons les pensées de l'autre : la communication silencieuse est rendue possible grâce à l'échange d'énergie. L'harmonie, la paix et la joie silencieuse que je ressens quand je joue avec un de mes chevaux en liberté me fait oublier tout le reste. Cela recharge mes batteries, ravive mon âme. Les chevaux sont mon oxygène.

Je me rappelle d'un rêve éveillé que j'ai fait quand je n'avais que six ans et que je n'avais pas encore été en contact avec les chevaux. Dans le rêve, je suis allongée sur le dos de ma ponette. C'est un jour chaud et ensoleillé. Les oiseaux chantent. Il y a une douce, chaude brise caressant doucement mes joues. Nous sommes seules, juste nous, heureuses et paisibles. Elle broute tranquillement, et je peux sentir la chaleur de son dos, la douceur de sa crinière, et je peux l'entendre manger l'herbe. Je me sens chez moi, heureuse, et libre. Plus âgée, je rêvais de nous, devenues de véritables amies, et qu'elle venait en courant à chaque fois qu'elle me voyait venir. Bien sûr, je n'avais pas besoin de licol, de bride ou de selle pour la monter ! Et oui, c'était clairement une femelle ; aujourd'hui j'ai acheté quatre juments, et je suis aussi près de vivre mon rêve que je ne l'ai jamais été. Quand je joue avec Mayana, notre jeu devient une danse où toutes deux nous connaissons chaque mouvement et j'oublie le temps et l'espace. Pendant l'été, quand les champs sont récoltés, je peux y aller pour de longues balades effrénées, elle ne porte qu'une cordelette autour de l'encolure.

Je suis à peu près sûre que vous aviez un rêve similaire quand vous étiez petit. Peut-être que votre rêve était de galoper sur la plage, que votre cheval puisse vous comprendre sans un mot, que vous soyez le/la seule capable de monter un cheval difficile, que votre cheval aime être avec vous et vous attende chaque jour à la porte. Peut-être avez-vous été inspiré par une série télé comme *black beauty* et que vous portiez en vous ce rêve d'avoir un cheval comme ami le plus proche.

Peut-être que vous n'êtes pas né dans une famille de cavaliers, mais comme moi, vous aviez une fascination innée quelque part dans votre ADN, voulant toucher tous les chevaux que vous voyiez. Quand vous étiez assis à l'arrière de la voiture, vous imaginiez monter un poney blanc le long de la voiture, sautant courageusement par-dessus les panneaux de signalisation sur le bord de la route. Etre libre et sauvage, plus rapide que n'importe qui !

En ce moment, vous êtes peut-être en train de vous demander pourquoi j'écris sur cela en détail. La raison est simple : ce rêve, ce profond désir, est ce qui guide tout ce que nous faisons avec les chevaux – consciemment ou inconsciemment, en bien ou en mal. Cela nous motive aussi à faire le premier pas vers un objectif, cela nous permet d'aller de l'avant et de traverser toutes les difficultés.

Grâce à ce rêve, vous êtes parti pour l'une des plus excitantes aventures dans la vie d'un propriétaire de cheval : éduquer un jeune cheval à partir de zéro.

## Pourquoi choisir un jeune cheval ?

Peut-être que notre rêve implique de choisir un jeune cheval avec tous ses défis uniques. Pourquoi ferions-nous cela ?

Les jeunes chevaux ont une énergie particulière. Ils sont si purs, heureux, curieux, innocents et pétillants. Ils sont pleins de vie. La manière dont ils explorent le monde, dont ils expérimentent les choses et apprennent, les rendent si merveilleux à observer. Avec chacun de mes jeunes chevaux, je ressens la même joie de vivre pure quand je suis avec eux. Ils sont vivifiants et revitalisants pour l'âme.

Il y a beaucoup de raisons pour lesquelles nous décidons d'acheter un jeune cheval. Trois des chevaux que je possède à l'heure actuelle sont soit nés dans mes bras soit ils ont été achetés au sevrage. Mes deux autres juments, je les ai achetées toutes les deux vertes et non débourrées à l'âge de trois et huit ans respectivement. J'aime élever mes chevaux, établir une relation de confiance, et j'aime les voir évoluer et grandir. J'ai le contrôle total sur tout ce qu'ils apprennent et expérimentent, et je sais aussi d'où viennent les mauvaises habitudes. Ils sont tous sous ma responsabilité et ils font mon bonheur. Ils sont, dans un sens, mes créations.

Mais cela ne nous éviterait-il pas des tracas d'acheter un cheval plus éduqué, plus expérimenté ? Nous supportons une attente de plusieurs années avant de pouvoir monter notre cheval, nous dépensons beaucoup d'argent dans l'éducation de notre ami, et nous avons beaucoup de petites inquiétudes jusqu'à ce qu'il soit devenu adulte. Et pourtant nous avons beaucoup de bonnes raisons d'acheter un cheval jeune et sans aucune expérience.

## Nous voulons tisser une relation privilégiée

La relation peut se développer lentement au fil des années. Il n'y a pas de pression de performance. Pas de pression pour que les choses se fassent maintenant et pas seulement dans quelques semaines. Nous pouvons apprendre à nous connaître l'un et l'autre à notre rythme. Nous pouvons commencer dès le début à construire la relation dont nous rêvons.

Les relations que j'ai avec mes deux chevaux qui sont nés à la maison sont différentes des relations que j'ai avec mes chevaux achetés quand ils étaient plus âgés. D'une manière ou d'une autre, le degré de confiance mutuelle est plus distinct. Parce que je les ai connus depuis le tout début, je sais comment ils vont réagir face à tout, dans presque toutes les situations. Et eux, en retour, apprennent que je suis là pour eux quand ils se sentent inquiets. Nous sommes une famille.

## Nous voulons contrôler l'éducation de notre cheval

Peut-être que vous avez déjà acheté un cheval avec beaucoup de mauvaises habitudes. Certaines habitudes peuvent être changées, mais cela prend bien plus de temps de corriger un comportement que d'apprendre les bonnes habitudes dès le début. Les quatre premières années de la vie d'un cheval sont cruciales dans son développement. C'est le moment où la « base de données » est installée. Tout ce que le cheval apprend à cet âge et chaque expérience qu'il a seront intégrés profondément. Il est normal de vouloir contrôler l'éducation de votre cheval si vous avez déjà eu une mauvaise expérience. Etre en charge de quoi, quand et comment votre cheval apprend est un beau défi et une grande responsabilité.

Je vois mes jeunes chevaux comme de nouvelles toiles ; je peux peindre tout ce que je veux. Chaque moment que je passe avec eux, je fais un trait avec mon pinceau. Si j'ai un plan et que je m'y tiens pendant plusieurs années, j'aurai une magnifique peinture que je pourrai apprécier chaque fois que je la regarde. Cependant, si je ne fais pas attention, je pourrais faire une vilaine tache mais au moins je saurai de quelle peinture j'aurai besoin pour annuler l'erreur.

## Nous voulons que notre cheval grandisse dans un bon environnement

De nombreux problèmes de santé et de boîterie chez le cheval sont liés à de mauvaises conditions de vie et à un manque de minéraux au cours des premières années. Beaucoup de problèmes peuvent être évités si nous prêtons une attention toute particulière à comment notre jeune cheval grandit. Vivre à l'extérieur en troupeau garantit que les muscles, les tendons, les articulations et les os reçoivent la stimulation nécessaire pour développer leur pleine puissance. En plus de cela, les chevaux en pleine croissance ont besoin de recevoir des quantités de minéraux et de vitamines adéquates et équilibrées pour un développement sain et une croissance saine.

## Nous voulons limiter les dépenses

Plus les chevaux sont âgés et éduqués, plus ils sont chers. Quand j'ai acheté ma jument Tara, je cherchais, en réalité, une jument arabe shagya entre quatre et sept ans déjà montée. J'ai cherché pendant un moment, mais la jument de mes rêves n'était tout simplement pas accessible à mon budget et à ce moment. C'est pourquoi j'ai décidé d'acheter Tara quand elle avait tout juste cinq mois. Je savais qu'elle se transformerait en la jument de mes rêves une fois qu'elle aurait atteint l'âge adulte, mais elle était trois fois moins chère qu'un adulte. Bien sûr il faut prendre en compte toutes les charges qui suivront au cours des prochaines années.

## Nous voulons avoir un poulain de notre jument préférée

Peut-être que vous voulez garder pour toujours quelque chose de votre cheval préféré. C'est une très belle expérience. J'ai été bénie de vivre cela deux fois avec Mazirah et ses deux poulains, Mayana et Maserati. Les deux fois j'étais là quand elle a donné naissance et j'étais témoin des premiers essais hésitants du poulain pour se lever. La première fois qu'ils m'ont dit bonjour et m'ont explorée curieusement avec leur petit nez ; je suis tombée totalement amoureuse d'eux. C'était tout simplement magique de sentir leur confiance quand ils reposaient leur tête sur mes genoux pour faire une sieste. La relation que j'ai avec ces deux chevaux est très différente de celle que je peux avoir avec n'importe quel autre cheval.

## Nous voulons prendre plaisir à voir notre cheval grandir

Vivre l'ensemble du processus de la croissance et de l'évolution des chevaux peut être très satisfaisant. Ils changent et ont de nouvelles idées tous les jours, au fur et à mesure qu'ils se développent. Il y aura beaucoup de hauts et de bas. L'objectif final est très loin ; cela pourra prendre des années pour l'atteindre. Mais le plus important est la beauté du voyage jusqu'à cet objectif. C'est pourquoi il est primordial de savoir exactement où vous voulez aller. Il est utile d'avoir une image mentale de ce que vous aimeriez que le cheval de vos rêves devienne à la fin. Nous avons la chance de construire et de créer cela étape par étape et de profiter du processus.

Mais il y a aussi un danger à cette passion qui est la nôtre. Ce rêve peut nous contrôler inconsciemment et peut nous conduire à prendre des décisions sans prendre les éléments de notre vie en considération. Et ensuite, ce rêve peut virer très rapidement au cauchemar.

## Quand votre rêve vire au cauchemar

Un été, une jeune fille est venue à moi pour me demander de l'aide avec son cheval. Elle avait acheté une belle jument palomino de six ans. La jument était vraiment époustouflante avec de la taille, un corps parfaitement proportionné et elle se déplaçait magnifiquement bien. Elle était très expressive et extravertie. On s'arrêtait pour la contempler. La jeune fille avait acquis la jument quand elle était jeune et voulait évoluer avec elle. Un ami avait aidé à débourrer la jument, et celle-ci vivait avec un vieux poney dans la maison de sa propriétaire.

Elle n'avait pas de carrière et très peu de temps, comme elle allait toujours à l'école. Son seul moyen pour la monter était en extérieur. Mais la jument devenait de plus en plus nerveuse et difficile en balade, et la jeune fille était de plus en plus effrayée par sa jument.

Puis, la jument a eu un accident dans le van, ce qui l'a rendue impossible à manipuler, même dans la vie de tous les jours. Elle se mettait en colère, se cabrait et tapait à chaque fois qu'elle ne comprenait pas ou qu'elle pensait qu'il y avait quelque chose d'effrayant. Et comme la jeune fille était , à présent, terrifiée par elle, elle n'était plus capable de lui donner le leadership dont elle avait besoin dans ces moments.

Donc, elle en était là, elle avait acheté le cheval de ses rêves avec un potentiel exceptionnel, mais un cheval bien trop fougueux pour ses compétences, ses connaissances et sa confiance. Elle n'osait même pas mener son cheval sur les cent mètres qui séparaient les écuries du pré.

Nous avons fait beaucoup de progrès au sol pendant les dix jours qu'elle a passé avec moi. La jument retrouvait de la confiance et du respect et était facile à manipuler dans la vie quotidienne. La jeune fille n'avait pas pris en considération le temps et la rigueur que cela prend pour faire évoluer un cheval avec ce fort tempérament en un partenaire fiable.

La jeune fille avait agi de façon impulsive ; guidée par un rêve inconscient sans prendre en compte les ressources dont elle disposait pour faire enfin de son rêve une réalité.

## Utilisez votre rêve comme motivation

Ce rêve mérite d'être concrétisé, d'être réalisé. Ne serait-il pas dommage d'investir autant de temps, d'argent, d'effort et de travail acharné et que cela se finisse en désastre ? C'est triste et déchirant. Toute cette frustration n'est pas nécessaire, et vous pouvez éviter cela. Les rêves ont un pouvoir incroyable. Ils nous poussent vers de nouveaux sommets, nous motivent à évoluer, et à faire des choses que nous n'aurions jamais cru possibles.

Le rêve peut nous donner des super pouvoirs… Mais il peut aussi nous conduire à certaines décisions stupides. Vous n'aurez pas à prendre le parcours difficile si vous utilisez le pouvoir de votre rêve de la bonne manière. C'est à vous de choisir d'utiliser le pouvoir de votre rêve à votre avantage et de le réaliser, ou de le laisser vous contrôler et vous entraîner dans la frustration et la souffrance.

Ce serait insensé de vous encourager avec de belles paroles à suivre l'appel de vos rêves et à faire le grand saut sans regarder. Je sais où cela conduit si vous n'ajoutez pas de petites gouttes de raison et de bon sens à votre rêve.

Si vous voulez puiser dans le pouvoir de votre rêve, vous devez avoir une vision claire de ce qui vous motive. Qu'elle est votre motivation et où voulez-vous aller ? Clarifier cela vous donnera la capacité, la motivation et la discipline pour prendre des décisions contrôlées et sensées afin que votre rêve devienne réalité.

Réaliser ce rêve vaut vraiment la peine de se battre, la souffrance et l'effort. Mais vous devez faire tout ce qui est en votre pouvoir pour que la souffrance soit la plus faible possible et les chances de réussite les plus élevées possibles.

Mon rêve d'enfant était de pouvoir apprendre à m'occuper et monter à cheval. Je m'imaginais faire des spectacles avec sans pression.

Je pense que c'est leur mentalité, leur esprit libre et leur façon d'être c'est complètement différent des autres espèces domestiquées.
Je pense que c'est quand je suis en liberté avec eux, les voir communiquer et lorsque je galope en balade.
Il m'apporte de la confiance, il me pousse à prendre confiance en moi et à savoir gérer mon stress, il m'apporte aussi du soutien, de la joie, c'est ma safe place.
Je me sens estimée.
Je veux créer une vraie relation et travailler en liberté sans avoir besoin d'aides matérielles. Parce que je ne me sens vraiment moi-même et bien avec eux que je veux avoir cette relation fusionnelle.

# Exercice :
# Alors, quel est votre rêve ?

Prenez votre journal ou votre cahier de notes et réfléchissez à votre rêve. Posez-vous une partie ou la totalité des questions suivantes :

Quel était votre rêve d'enfant avec les chevaux ?

Qu'est-ce qui vous attire si magiquement ?

Quand vous sentez-vous le plus heureux quand vous êtes avec des chevaux ?

Qu'est-ce que le cheval vous apporte sur le plan émotionnel ?

Comment vous sentez-vous si votre cheval vous dit bonjour ?

Quel est le rêve que vous voulez réaliser avec votre cheval ? Où voulez-vous que ce voyage vous mène ?

Quel est votre POURQUOI ?

Faites sortir cela de l'obscurité et prenez en conscience, pour que cela ne vous contrôle pas inconsciemment. Laissez vos réponses être votre carburant.

# Les Ressources dont vous avez besoin

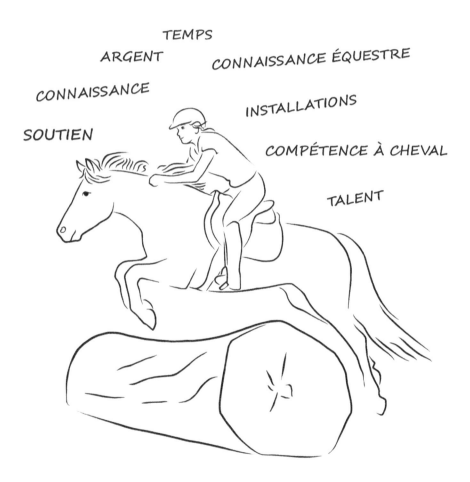

Connaissez-vous ces incroyables petits gâteaux au chocolat français appelés « moelleux au chocolat » ? Ils sont croustillants à l'extérieur avec un cœur de chocolat fondant. Si vous voulez cuisiner le Moelleux au Chocolat parfaitement, vous aurez besoin d'ingrédients spécifiques. De la même manière, obtenir le parfait cheval de vos rêves nécessite certaines ressources dans des quantités exactes. Trop peu ou trop d'un ingrédient, et ni le gâteau ni le cheval ne finiront de la manière que vous aviez imaginée.

Imaginez que vous voulez faire ce célèbre moelleux au chocolat. Vous avez besoin de cinq œufs, mais vous n'en avez que trois. Cela vous laisse avec quatre choix. Vous pourriez aller voir votre voisin et lui demander de l'aide, vous pourriez réduire la taille du gâteau, vous pourriez aller acheter plus d'œufs, ou vous devrez accepter que le gâteau ne sera pas parfait.

La même chose est vraie avec le cheval de vos rêves. Pour atteindre votre destination idéale, vous devez vous assurer que vous avez certaines ressources disponibles. Trop peu d'une ressource et le résultat final pourrait ne pas correspondre au résultat espéré. Heureusement, les rêves brisés et les espoirs anéantis peuvent être réparés (à l'inverse d'un gâteau raté) tant que vous êtes prêt à être honnête avec vous-même et que vous cherchez d'autres solutions à celles que vous utilisez.

Pour dire les choses simplement, il ne suffit pas d'avoir un rêve et de le maintenir en vie. Parce que je veux vous mettre sur la voie du succès avec ce livre, une partie du travail nécessaire est d'examiner la réalité en étant douloureusement honnête avec vous-même.

## Soyez prêt à demander de l'aide

Il y a quelques années, une dame (appelons-la Jan) m'a demandé si je pouvais prendre en pension la pouliche sevrée qu'elle avait achetée. Elle m'a dit qu'en achetant la pouliche, elle réalisait un rêve d'enfance, celui d'avoir un cheval espagnol noir avec une longue crinière et un caractère à la fois fier et doux. Elle avait trouvé un éleveur qui proposait de réserver les poulains in utero. Les chevaux étaient vraiment magnifiques ; les deux parents étaient noirs. Donc, la dame avait sauté sur l'occasion. C'était la première fois que Jan achetait un cheval, et elle n'avait pas beaucoup d'expérience avec les chevaux en général, à part quelques leçons d'équitation classique dans un club local.

La pouliche est arrivée chez nous. Elle s'est bien intégrée dans le nouveau troupeau. Elle a beaucoup grandi, aussi bien physiquement que mentalement. Et, typiquement pour sa race, elle était vive, sensible, et avait des réflexes très rapides, nécessaires à la tauromachie.

J'ai nourri et manipulé la pouliche pour les tâches quotidiennes. J'ai fait attention à établir des limites et je conseillais à Jan de faire de même. Mais la dame a ignoré le conseil, a donné des friandises à la pouliche, et se fichait que la pouliche respecte les règles les plus basiques de politesse. Elle avait peur que la pouliche ne l'aime pas si elle fixait des limites. Rapidement, la pouliche est devenue de plus en plus arrogante et dominante. Mais Jan refusait les offres de leçon ou d'aide pour l'éducation de la pouliche au-delà des tâches de base.

Finalement, quand la pouliche a eu un an et qu'elle était plus grande que sa propriétaire, Jan m'a enfin demandé de l'aide. Elle avait décidé de prendre la pouliche chez elle pour qu'elle vive avec un hongre qu'elle avait acheté impulsivement. L'achat du hongre était au départ un bon plan. L'idée était qu'elle aurait eu un cheval plus vieux, bien éduqué à la monte et avec plus d'expérience jusqu'à ce que sa pouliche soit prête à être montée.

Mais elle avait choisi le mauvais hongre. C'était un cheval espagnol avec beaucoup de sang et des réflexes rapides. Il avait été castré très tard et n'avait pas été habitué à vivre avec d'autres chevaux. Parce que Jan n'était pas une très bonne cavalière, elle dérangeait constamment le cheval car elle était en déséquilibre et s'accrochait aux rênes pour soulager sa peur.

Ce qui a fait que le cheval, habituellement très gentil, est devenu craintif et difficile à monter.

Je n'avais que deux courtes semaines pour apprendre à la pouliche toutes les choses indispensables et importantes : être menée correctement, rester seule en confiance, donner les pieds, embarquer dans le van, rester à l'attache et, plus important encore, respecter les limites et se comporter correctement avec les gens. La pouliche apprenait à la vitesse de la lumière, elle était tout simplement incroyable.

Ensuite, les deux chevaux sont allés vivre au domicile de Jan. J'avais des nouvelles de temps en temps, aucune d'elles n'était très bonne. Le hongre avait commencé à monter sur la petite pouliche à chaque fois qu'elle était en chaleur ; la pouliche avait rapidement retrouvé son comportement dominant avec les gens, en particulier avec les deux fils de Jan ; les deux chevaux avaient développé un lien très fort, donc il fut bientôt impossible d'en sortir un tout seul en dehors du pré ; ils faisaient des histoires, se cabraient, chargeaient, et cassaient les clôtures. La pouliche avait même remarqué que l'électricité des clôtures ne fonctionnait pas tout le temps et commençait à s'échapper assez souvent ! Jan n'avait pas de carrière ou de rond de longe, donc sa seule option était de partir en balade… Ce qui était impossible pour des raisons évidentes.

Et Jan n'était toujours pas prête à demander de l'aide. Elle avait deux beaux chevaux dans son pré et elle avait si peur d'eux qu'elle ne pouvait pas les monter. Elle n'avait pas les finances pour investir dans une bonne éducation d'elle-même et de ses chevaux, donc elle ne pouvait rien faire avec eux, excepté les admirer et ramasser leur crottin. Jan avait agi de manière impulsive, poussée par un rêve inaccessible, sans prendre en considération les ressources qu'elle avait à sa disposition pour que cela fonctionne.

## La Réussite va dépendre de vos ressources

Malheureusement, je vois des personnes comme Jan assez souvent. Et c'est triste à voir. Trop de propriétaires de chevaux achètent par eux-mêmes un cheval de la catégorie d'une Ferrari en ayant seulement le permis pour une polo VW.

Vous pouvez éviter ce cauchemar en prenant pleinement conscience des ressources à votre disposition. Faites-vous la faveur, à vous et à votre cheval, d'être vraiment honnête avec vous-même, pas seulement par rapport à vos compétences en tant que cavalier mais aussi dans la manipulation des chevaux. Evaluez combien de temps, d'effort et d'argent vous êtes capable et prêt à investir dans cette aventure.

Examinons les ressources nécessaires.

## Compétences en manipulation des chevaux et techniques du cavalier

Etes-vous bon dans la manipulation des chevaux ? Avez-vous de l'expérience dans le travail à pied ? Avec un jeune cheval, vous aurez naturellement besoin de faire beaucoup de travail au sol avant de pouvoir le monter.

Etes-vous un bon cavalier ? A quel point êtes-vous confiant ? Avez-vous acquis de l'expérience en ayant monté différents chevaux ? Quel est votre niveau de maîtrise quand vous traversez des situations délicates ? Avez-vous une bonne assiette ?

Si vous n'êtes pas expérimenté et qu'il vous manque encore des connaissances, vous pouvez toujours apprendre et vous améliorer. Utilisez le temps que votre cheval grandisse pour monter d'autres chevaux afin d'améliorer votre technique. Pratiquez le travail à pied avec un cheval plus âgé et prenez des leçons, pour que vous soyez prêt quand sera venu le temps de commencer à monter votre jeune cheval.

## Connaissance

Que savez-vous de l'entretien général des chevaux, de leur santé, de l'adaptation du harnachement, de l'apprentissage équin et de l'équitation? Malheureusement, on ne sait jamais ce que l'on ne connaît pas. Etre avec les chevaux signifie ne jamais arrêter d'apprendre. Heureusement, c'est une ressource qu'il est très facile de trouver, et simplement lire ce livre signifie que vous le faites déjà.

Plus vous en savez en théorie, plus vous pouvez l'utiliser en pratique dans des situations réelles avec votre cheval. Si vous ne savez pas beaucoup de choses, faites tout ce que vous pouvez pour enrichir vos connaissances dans tous les domaines de l'équitation.

## Talent

Je ne veux blesser les sentiments de personne ici, mais de la même manière que tout le monde n'est pas un pianiste de talent, tout le monde n'est pas un cavalier talentueux. Mais il y a une bonne nouvelle : un travail patient et persévérant mène toujours à un grand talent. Je ne suis pas du tout bonne en saut d'obstacle. Je n'aime tout simplement pas cela et je n'arrive pas à le faire. J'ai beaucoup travaillé sur cela, j'ai beaucoup progressé, mais ce que je peux faire maintenant est le fruit d'un dur travail et non d'un talent inné. Naturellement, je n'achèterais pas un cheval dont le principal talent est le saut d'obstacle car je ne pourrais pas exploiter son plein potentiel et je ne pourrais pas utiliser le cheval pour ce que j'aime vraiment faire.

Votre talent inné correspond-il au cheval ? Les talents du cheval coïncident-ils avec votre objectif ?

## Temps

Cela prend beaucoup de temps de dresser un jeune cheval à partir de zéro. Ne vous attendez pas à un miracle si vous ne pouvez pas investir un certain temps. Cependant, ce n'est pas un problème si vous ne pouvez pas passer du temps sur l'éducation de votre cheval pendant quelques semaines. Ce que j'aime faire, et conseille aux propriétaires de chevaux de faire, c'est de planifier à l'avance les éléments de base les plus importants de l'éducation de votre cheval. Prenez les vacances d'été, ou un long week-end pour vous concentrer vraiment sur certains points avec votre cheval. Vous ferez des progrès plus rapides si vous avez un plan solide et que vous portez une attention précise pendant une période de temps courte et intense plutôt que si vous faites seulement une séance de travail au hasard chaque semaine.

Les différents types de chevaux requièrent différentes quantités de temps. Les chevaux chauds et vifs ont tendance à se comporter moins bien si vous ne les sortez qu'une ou deux fois par semaine. Alors que les races calmes acceptent volontiers de ne faire quelque chose que de temps en temps. Si vous pouvez investir beaucoup de temps, c'est bien pour vous : vous pourrez faire des progrès impressionnants.

Et si vous ne pouvez vraiment pas investir le temps nécessaire pour la formation de base la plus importante de votre cheval, demandez à un entraîneur de le faire pour vous.

## Argent

Nous savons tous que le cheval est une passion onéreuse. Ce sont littéralement des gouffres à pognon ! Jan, la dame qui avait la jument espagnole noire, n'avait pas les finances pour investir dans son éducation ou celle de son cheval. Donc l'argent qu'elle dépensait dans l'achat et l'entretien des chevaux était en quelque sorte gaspillé.

Si vous avez déjà les compétences et les connaissances, avoir des finances limitées n'est pas très important car vous pouvez éduquer et prendre soin de votre cheval par vous-même. Mais s'il vous manque de l'expérience, des compétences, du temps ou des connaissances, vous devez être prêt à investir de l'argent pour compenser cela.

Il fut un temps où je n'avais même pas les moyens de m'offrir un cours le week-end. Ni même un équipement adéquat. Pendant mes premières années, je montais sans selle et je n'avais qu'une bride que j'utilisais sur cinq poneys différents. J'achetais des tonnes de livre d'éducation avec l'argent que j'avais (d'une certaine manière, je savais que la connaissance était la plus importante clé qui me permettrait d'atteindre mon objectif). Puis j'ai échangé du travail contre des leçons, ce qui m'a permis d'avoir accès aux bons formateurs et à l'enseignement dont j'avais besoin pour atteindre mon objectif. Je suis la preuve qu'il y a des moyens de s'en sortir avec peu d'argent.

## Infrastructures

Ou pouvez-vous entraîner votre cheval ? En particulier avec un jeune cheval, vous aurez besoin d'une sorte de carrière ou au moins un rond de longe pour que vous puissiez vous entrainer en toute sécurité et efficacement. Ne pas avoir de carrière ou de rond de longe quand vous avez un jeune cheval vous limitera et ralentira votre progression.

A moins que vous ne soyez très expérimenté en extérieur, vous devriez avoir quelqu'un avec un cheval plus expérimenté pour vous accompagner quand vous sortez avec votre jeune cheval. Mais la plupart du temps, les jeunes chevaux ne sont pas en confiance tout seul dehors. C'est pourquoi, ce sera plus facile si le cheval peut d'abord apprendre les bases à la maison dans une carrière sécurisée.

Si vous n'avez pas de rond de longe ou de carrière, peut-être que vous pourriez aller dans les écuries voisines, ou clôturer une partie plate de votre pré.

## Soutien

Dresser un cheval à partir de zéro est une tâche énorme. A moins que vous ne soyez très expérimenté avec les chevaux, vous allez avoir besoin de soutien à un certain moment. Une fois que l'on commence à apprendre des autres, on réalise à quel point on était aveugle.

Le soutien peut se présenter sous de nombreuses et différentes formes. Si vous êtes chanceux, à proximité vous aurez un entraîneur en qui vous pourriez avoir confiance pour prendre des leçons régulières. Un ami expérimenté peut beaucoup aider, même si c'est juste pour vous accompagner en extérieur avec son cheval calme. Les cours en ligne et le coaching vidéo peuvent être une bonne solution si vous vivez loin de tout entraîneur de confiance.

Une paire d'yeux expérimentée pourra voir des problèmes que vous ne pouvez pas voir. Cette personne pourra vous diriger dans la bonne direction et vous donner d'importants conseils pour démêler un nœud dans lequel vous avez peut-être été ligoté pendant un certain temps. Je le sais moi-même : il y a certaines choses que nous ne voyons pas par nous-même car nous nous y sommes trop habitués. N'hésitez pas à demander du soutien. Ne restez pas bloqué ou ne marchez pas sur le mauvais chemin trop longtemps, demandez simplement de l'aide. Pour le bien de votre cheval !

Maintenant que vous avez fait l'autoévaluation honnête des ressources externes dont vous disposez, vous avez ces possibilités pour agir :

1. Réduire votre objectif et votre rêve afin de les adapter à vos ressources
2. Optimiser vos ressources et investir dans votre éducation et celle de votre cheval
3. Si tout s'accorde parfaitement, vous êtes prêt à démarrer !

## La Mentalité est primordiale

En plus des ressources pratiques dont vous aurez besoin, il y a certains traits de caractères qu'il vous faudra pour réussir.

### La Volonté d'évoluer

Ne restez pas dans votre situation actuelle si elle ne vous convient pas ; au lieu de cela, changez et évoluez. Ce n'est pas bien de chercher sur internet une méthode miracle ou une solution qui promet de corriger votre cheval instantanément. Ce n'est pas comme ça que cela fonctionne ! Si vous n'avez ni le temps ni la discipline, que vous ne pouvez pas trouver l'argent ou que vous n'avez pas la volonté d'améliorer vos connaissances et vos compétences, vous ne devriez pas être surpris que cela ne fonctionne pas.

Apprendre signifie sortir de votre zone de confort. L'évolution est inconfortable. Dans un sens, c'est admettre que l'on a eu tort, et c'est pourquoi nous nous retrouvons si souvent dans l'abîme du désespoir. Nous devons prendre, à chaque fois, une décision réfléchie pour passer à l'étape suivante, jusqu'à notre rêve.

Mais c'est un sentiment formidable de pouvoir voir le fruit de tout notre travail acharné et de nos efforts. Quand on réalise combien on a grandi et on s'est amélioré, on se sent fier de nous. Et c'est alors que le pouvoir du rêve revient en force, et que l'on est motivé à faire des efforts, à continuer d'avancer, à se dépasser, et à sortir de l'abîme du désespoir et de la défaite.

## Etat d'esprit positif

Peut-être qu'il y a une autre raison qui peut vous freiner : vous ne croyez pas assez en vous. C'est beaucoup plus facile de plonger dans le puits de l'apitoiement et du désespoir, que d'en sortir et de faire le premier pas pour trouver une solution. Chaque être humain est né avec la capacité innée de créer des choses. Jetez un coup d'œil à l'histoire. Des personnes avaient une idée, et quand ils commençaient à agir pour ce rêve, ils créaient des empires, inventaient des gadgets incroyables et faisaient de l'art à l'épreuve du temps. C'est le pouvoir de nos esprits et de notre passion qui nous conduit à entreprendre une action et à rendre l'impossible possible.

Vous n'êtes pas différent ! Vous aussi vous avez la capacité de créer et de donner vie à vos rêves ! Cela peut être difficile parfois, et il faudra de la discipline et des efforts, mais c'est possible. Vous êtes plus fort que vous ne l'imaginez. Vous pouvez accomplir plus que vous ne le pensez. Vous pouvez grandir pour vous adapter à la taille de votre rêve ! Mes ressources n'étaient pas adaptées à mon cheval ou à mon rêve quand j'ai débuté. Cœur et désir, associés à une certaine raison et réflexion compensent le manque d'argent, de facilités d'apprentissage et de talent.

## Comment choisir le bon cheval

(Si vous avez déjà votre cheval, vous pouvez sauter cette section !)

Il y a une autre ressource qui mériterait un livre plus détaillé : choisir le bon cheval. Vous méritez d'avoir le cheval de vos rêves, le cheval qui vous correspond vraiment. Vous n'épouseriez pas quelqu'un avec qui vous n'aimeriez pas être sur le long terme, n'est-ce pas ?

Quand vous achetez un jeune cheval, c'est bien souvent une décision qui vient du cœur. Si vous voulez faire de votre rêve un succès, cela aide de s'asseoir et de réfléchir au type de cheval qui vous conviendrait pour ajouter quelques gouttes de raison à la décision de votre cœur.

Où voulez-vous aller ? Quelles disciplines avez-vous envie de faire avec votre cheval ?

Souhaitez-vous pratiquer une discipline pleine d'action comme le saut d'obstacles ou l'endurance ? Ou souhaitez-vous simplement profiter de randonnées et monter occasionnellement dans une carrière ? Souhaitez-vous travailler le bétail, faire du barrel race ou faire quelques spectacles de dressage ? Les réponses à ces questions peuvent avoir une incidence sur le type de cheval que vous choisissez.

### Races

Certaines races ont certains traits de caractère. Bien sûr, il y a toujours des exceptions à prévoir, mais si vous êtes un cavalier timide qui veut profiter de randonnées tranquilles, n'achetez pas un cheval arabe, un pur-sang ou un cheval espagnol. Oui, ils sont très beaux à regarder, mais ils ont aussi beaucoup de sang et ils sont réactifs. Vous serez probablement plus heureux avec une race plus tranquille, comme un haflinger ou un irish cob.

Il en découle donc que si vous aimez les disciplines pleines d'action et de vitesse, vous aimerez un pur-sang arabe fougueux, un pur-sang anglais, ou un cheval à sang chaud bien éduqué. Ces chevaux requièrent aussi un plus haut niveau de compétences et demandent plus de votre temps.

Le temps que vous pouvez investir sera un facteur important dans votre décision. Les chevaux vifs exigeront plus d'heures d'activité physique par semaine et un planning d'entraînement très régulier pour être au plus haut de leur niveau. Des races plus détendues ne seront, au contraire, pas dérangées par le fait de rester au pré pendant de plus longues périodes.

## Jument, hongre ou étalon ?

Premièrement, si vous n'êtes pas suffisamment expérimenté et n'avez aucune intention d'avoir un élevage, n'achetez pas d'étalon ! Il sera frustré et vous aussi. Un bon étalon fera un hongre fantastique.

Choisir une jument ou un hongre, est ici une question de préférence. Les hongres ont tendance à avoir un tempérament très stable étant donné qu'ils n'ont pas de cycle hormonal qui influence leur humeur. Ce sont des chevaux stables et fiables dans leurs performances quotidiennes.

J'adore les juments. Comme les femmes, elles ont des opinions claires et un fort sens de la dignité et de l'équité ! Une fois que vous avez établi une relation avec elles, elles feront beaucoup d'efforts pour vous et seront très aimantes. Mais il est vrai que lorsqu'elles sont dans une période de chaleur, elles peuvent avoir leurs humeurs à certains moments.

## Des personnalités différentes

Tout comme les êtres humains, les chevaux ont différentes personnalités. Chaque cheval est différent, mais en général nous pouvons les classer en quatre catégories principales :

1. Introverti
2. Extraverti
3. Courageux et dominant
4. Craintif et timide

J'expliquerai en détail ces quatre personnalités dans le chapitre 7 et quels caractères conviennent le mieux à chaque type de cavalier. Mais, pour faire court, un cavalier extraverti et audacieux ne serait pas un très bon choix pour un cheval introverti ou peureux. Soit il surchargerait le cheval soit il le trouverait ennuyeux. De la même façon, une personne introvertie et peureuse pourrait être très effrayée par un cheval extraverti et ne pourrait pas donner le leadership nécessaire au cheval.

Vous pouvez toujours influencer un cheval avec une bonne éducation, mais vous ne pouvez pas changer son caractère inné. Alors, choisissez sagement et d'une manière réfléchie. Peut-être que votre cheval sera un peu moins beau et sophistiqué, mais vous serez beaucoup moins frustré et plus heureux sur le long terme.

Lorsque j'ai acheté Mazirah, âgée alors de trois ans, je n'avais pas encore beaucoup d'expérience. Je n'avais qu'une vague idée du cheval que je voulais acheter. Je n'avais pas bien pensé au fait qu'elle pourrait, ou non, s'associer à ma personnalité ou si elle conviendrait à mes objectifs. Dès l'instant où je l'ai vue, et qu'elle m'a regardée, je savais que c'était elle. C'était une décision complètement impulsive. Les cinq premières années ensembles furent très difficiles. Elle était verte, vive et sensible, et je n'avais pas les compétences ou les connaissances requises pour éduquer convenablement un cheval comme elle. J'étais en colère et frustrée bien trop souvent, elle avait peur et se sentait perdue à de nombreuses reprises. Pour sûr, nous n'étions pas faites l'une pour l'autre. Aujourd'hui, je peux dire que grâce à elle (et certains mentors très instruits), notre relation est forte. Mais si vous n'êtes pas jeune, athlétique et fougueux et que vous n'avez ni l'ambition ni la volonté de traverser des problèmes pareils, je vous suggère de faire de votre mieux pour les éviter.

## Exercice :
## Visualisez votre cheval et vos ressources

Faites deux listes dans votre journal. Premièrement, écrivez comment vous voudriez que le cheval de vos rêves soit. A quoi ressemble-t-il ? Quelle personnalité aura-t-il/elle ? Que voudriez-vous faire avec lui/elle plus tard (randonnée, dressage, liberté, saut d'obstacles, concours, endurance) ?

Dans la seconde liste, écrivez les ressources dont vous disposez : votre niveau en travail à pied et monté, votre niveau de confiance et de courage, le temps que vous pouvez y consacrer, l'investissement financier que vous pouvez vous permettre de faire, les connaissances que vous avez et votre propre personnalité.

Maintenant, comparez les deux. Vous verrez rapidement sur quels points votre cheval vous correspond et sur lesquels faire des ajustements ou travailler.

# Une Nouvelle vision du leadership

## La compréhension est la clé

Le leadership est un mot important dans le monde du cheval. Chaque cavalier a entendu la phrase : « tu dois devenir un meilleur leader pour ton cheval ». « Oui, je sais. Mais pourquoi ? Qu'est-ce que cela veut dire en fait ? Comment puis-je devenir le leader dont mon cheval a besoin et, plus important, que mon cheval apprécie ? »

Quand on parle du leadership, le monde du cheval est divisé en deux principaux camps. D'un côté : « vous devez lui montrer qui est le dominant et contrôler ses pieds ! ». Et de l'autre : « vous êtes égaux, je ne ferai jamais faire à mon cheval ce qu'il ne veut pas faire. Il peut choisir. »

A un moment donné, je passais d'un camp à un autre, essayant différentes techniques. En fin de compte, j'ai réalisé que la vérité se trouvait entre les deux camps. Et ce juste milieu a beaucoup à voir avec vous, personnellement.

On parle beaucoup de « travail en harmonie », « travail en liberté » et d'autres encore. Chacun de ces entraîneurs et de ces méthodes semblent promettre la relation ultime sans désigner un leader dans la relation, vous conseillant de poser des limites en cas de besoin. Ils semblent tous promettre qu'ils ont une méthode miracle. Mais ces méthodes ne marcheront pas pour tout le monde, surtout si vous n'avez tout simplement pas le temps ni l'expérience nécessaire pour les faire fonctionner. Je crois que nous sommes attirés très fortement vers ces méthodes à cause d'une incompréhension fondamentale de ce que le leadership signifie réellement.

Les chevaux nous demandent de nous affirmer et d'être une personne forte. Cela peut en mettre mal à l'aise certains. Nous espérons, qu'en étant juste « gentil » et « doux » avec notre cheval, qu'un jour il nous aimera tellement qu'il fera tout pour nous. Je ne suis pas une personne qui tourne autour du pot – il y en a eu trop en ce qui concerne ce sujet. Je crois que nous avons besoin d'une toute nouvelle compréhension du leadership et de comment découvrir le leader naturel en nous.

## Etre gentil ne suffit pas

Bien sûr, nous devons être gentil avec notre cheval. Mais qu'est-ce « gentil » ? Pour moi, être gentil avec un cheval signifie lui donner des limites sur lesquelles il peut s'appuyer. Pour le propriétaire, cela signifie s'affirmer, devenir une personne forte, savoir ce qu'il veut, et le demander. Etre clair donnera au cheval la tranquillité d'esprit : pas de zone grise, pas de « peut-être », et pas de « ça te dérangerait si… et ne pas laisser votre cheval dans le doute de ce que vous voulez qu'il fasse ».

Cela signifie-t-il être sévère avec le cheval ? Pas du tout. Cela signifie-t-il que nous devons dominer notre cheval ? Pas du tout. Cela signifie être responsable, garder une vue d'ensemble, et diriger.

Un bon leader peut être ferme et déterminé, de même qu'à l'écoute et empathique. Beaucoup de femmes, en particulier, n'ont pas de problème avec le côté écoute et solidarité du leadership. Je rencontre beaucoup de femmes de tous âges qui trouvent difficile cependant de faire ressortir leur côté ferme et assuré enfoui en elles (y compris moi). Dans les moments critiques, beaucoup trop de doutes et de sentiments inadaptés font surface et affaiblissent le leadership. Pourquoi est-il si difficile de montrer de la présence, d'agir avec détermination, et de dire NON ? Pourquoi est-il si difficile d'affirmer ce que nous voulons sans que nous nous sentions mal ?

Le fait est que, si vous voulez une relation sûre et réussie avec votre cheval, vous devez guider et mener votre cheval de manière qu'il puisse comprendre. Il est très important que notre cheval ait une certaine quantité d'obéissance et de respect afin que nous soyons en sécurité.

Vous êtes la personne avec la vue d'ensemble dans cette relation. Vous êtes la personne qui peut évaluer les situations. Les chevaux ne peuvent pas penser ainsi, donc vous devez être le leader, celui qui prend les décisions afin de vous mettre tous les deux en sécurité. Vous pouvez apprendre à le faire en comprenant le type de leadership dont un cheval à besoin, et en donnant à votre voix et à vous-même plus de valeur, au moins la même valeur que vous donnez aux besoins de votre cheval.

## Chevaux dominants et chevaux meneurs : ce que la nature peut vous apprendre

Est-il possible d'appliquer le modèle de la nature dans notre entraînement ? Regardons en quoi les chevaux dominants diffèrent des chevaux meneurs.

### Le Cheval dominant

Dans mon troupeau de juments, quand on intègre des poulains, il y a une jument plus vieille appelée Bahia qui est clairement la jument dominante. Quand elle arrive, tous les autres chevaux bougent sans se poser de questions. Elle boit la première, et les autres n'osent pas la rejoindre près de la botte de foin sans demander la permission au moins trois fois. Elle ne devient pas agressive de quelque façon que ce soit, bien que je l'aie vu taper et mordre avec fermeté dans ses jeunes années quand elle trouvait cela nécessaire pour faire passer son message. Encore aujourd'hui, chaque fois qu'elle montre ses limites à un des poulains, elle utilise un langage corporel *ferme* avec des phases clairement distinctes. J'ai aussi observé Bahia clarifier d'éventuelles querelles entre d'autres chevaux. Dans ce troupeau, elle s'assure que les règles de vie en société sont respectées. Elle est responsable de la paix et de la sécurité.

### Le Cheval meneur

Quand j'ai eu à sevrer mon poulain, Maserati, de sa mère, Mazirah, je l'ai déplacée dans un autre troupeau. Elle ne connaissait aucun des autres chevaux, mais elle est rapidement devenue amie avec mon autre jument, Salimah. Avec les trois autres chevaux du troupeau, Mazirah restait distante et était beaucoup bousculée par eux. Elle se retrouvait quatrième sur cinq dans la hiérarchie. Cependant au fil du temps, chaque fois que Mazirah commençait à aller quelque part, elle n'était pas seulement suivie par sa nouvelle amie Salimah mais aussi par les chevaux plus haut dans la hiérarchie. Mazirah, devenue un cheval très actif, commençait à apporter une nouvelle vie dans ce troupeau. Même les deux chevaux les plus âgés, qui étaient toujours debout devant leur râtelier à foin et se remplissaient la panse, sont entrés dans une nouvelle vie. Ils se promenaient beaucoup plus, suivant Mazirah et ses activités. Mazirah était celle qui menait l'ensemble du troupeau d'un endroit à un autre. D'un certaine manière tout le monde lui faisait confiance quand elle jugeait de la sécurité à aller dans certains endroits.

Au Haras Naturel du Plessis, l'endroit où je travaille en France, nous avons quatre différents troupeaux. Au fil des ans, j'ai constamment observé la dynamique dominante et la dynamique meneuse que je viens de décrire. Dans tous les troupeaux, j'observais la même chose : un cheval qui était le dominant, mais pas nécessairement le leader, et un autre cheval qui fréquemment lançait de l'activité et du mouvement et que même les plus dominants suivaient.

J'ai lu et entendu cela moi-même de nombreuses fois – si vous voulez être de leader respecté de votre cheval, vous devez être capable de contrôler ses pieds. Si vous êtes capable de contrôler la vitesse et la direction des pieds de votre cheval, il décidera que vous êtes le cheval avec un rang supérieur et choisira de vous faire confiance et de vous suivre. Cette idée est basée sur la croyance qu'il y a une jument dans le troupeau qui est la dominante et qui décide où aller, quand aller boire, et quand faut-il fuir un danger. En établissant son leadership sur tous les autres membres du troupeau (en contrôlant leurs pieds), elle veille à la sécurité de tout le monde.

## Le Modèle de la nature est-il dépassé ?

La scientifique allemande Konstanze Krüger, ainsi que les nouvelles études françaises de Marie Bourjade, remettent en question le concept même de « jument meneuse » qui prend la plupart des décisions au sein d'un troupeau.[1,2]

Les études montrent qu'il existe un certain consensus dans la prise de décision. Un mouvement au sein du troupeau peut impliquer n'importe quel membre du groupe qui lance une activité en partant tout simplement. Néanmoins, les chevaux de rang supérieur sont plus souvent suivis par les autres chevaux que ceux de rang inférieur. Il ne semble pas y avoir une jument meneuse dans le sens où un seul cheval ne prend pas toutes les décisions pour le groupe, mais les études constatent que la hiérarchie est forte à l'intérieur du troupeau, bien que les décisions de tous les jours ne soient pas nécessairement prises par le dominant.

Cela conduit également à l'idée que devenir le « dominant » de votre cheval ne signifie pas automatiquement que vous serez le leader que votre cheval choisit de suivre.

Mais ils ont aussi trouvé que si dans un troupeau il y avait une forte jument dominante, le troupeau était plus paisible et qu'il y avait moins de querelles entre les membres.

Cela conduit à la conclusion que si vous voulez être en sécurité avec votre cheval, vous devez montrer une présence et insister sur un certain niveau d'obéissance dans les interactions quotidiennes. Votre cheval sera plus calme, plus confiant et, par conséquent, plus sûr. Mais vous devez développer un peu plus de qualités pour que le cheval aussi choisisse de vous suivre car, dans la nature, les chevaux sont libres de choisir s'ils veulent suivre ou non. J'aimerais que mes chevaux choisissent de me suivre.

## Les Facteurs clés d'un bon leadership

Il semble y avoir deux types complètement différents de leadership. Lequel devons-nous suivre et appliquer à nos chevaux ? Peut-être qu'aucun des deux n'est entièrement applicable à la relation inter-espèces que nous avons avec notre cheval. Vous n'êtes tout simplement pas un cheval !

Si nous nous comportions seulement comme le cheval qui lance le mouvement, nous ne pourrions jamais être sûrs que notre cheval nous écouterait quand cela est important. Cependant, si nous agissions seulement comme le cheval dominant, nous pourrions avoir l'obéissance, mais le cheval pourrait ne pas vouloir passer du temps avec nous.

Il est temps que nous développions une toute nouvelle perspective du leadership, peut-être en utilisant certaines parties des deux modèles : être le meneur mais aussi parfois le dominant. Regardons ce qui fait un bon leadership.

## Un Bon leader est conscient de lui-même

Nous devons agir les yeux ouverts. Nous devons développer un niveau élevé de conscience de soi. Cela s'applique à tous les éléments : ce que nous pensons, ce que nous ressentons, et ce que fait notre corps. Nous devons prendre conscience du pourquoi, du comment, mais aussi de quels sont nos objectifs, nos motivations, nos sentiments et nos actes. La plupart des gens passent la majorité de leur temps en étant inconscients de ces éléments.

Cela requiert une attention et un travail constants. Il y aura des moments où nous remarquerons que nous avons agi complètement inconsciemment, et ces moments de prise de conscience sont trop souvent perçus comme un échec. Mais, en réalité, ces moments font partie de la victoire car vous êtes de nouveau conscient !

Etre conscient signifie créer volontairement, en toute connaissance de cause. Cela nous aidera à devenir de plus en plus sûrs de nous-mêmes et nous pourrons être authentiques et honnêtes envers nos chevaux.

## L'Empathie est essentielle

Rencontrer votre cheval avec le cœur ouvert. Amour et compréhension font beaucoup avec les humains et aussi avec les chevaux. N'importe quelle action devrait être motivée par de l'empathie et de l'amour pour le cheval.

Nous devons voir le monde à travers les yeux du cheval afin de comprendre les réactions que nous n'apprécions pas chez lui. Chaque cheval à besoin de quelque chose de différent pour pouvoir se connecter à nous : certains ont besoin que nous parlions plus calmement et que nous leur donnions plus d'espace. Tandis que certains autres, plus précisément ceux qui sont extravertis avec une personnalité forte, nous demandent de montrer plus de présence et de nous faire entendre pour qu'ils puissent nous considérer comme un égal. Nous devons prendre soin des émotions de notre cheval, de son bien-être physique et mental et nous assurer qu'il est hors de danger, en bonne santé et sain.

## Communiquer clairement et avec certitude

Pour que nos chevaux nous comprennent, nous devons développer une communication claire avec eux. Nous devons nous assurer que nos messages sont bien reçus.

Etre compris pour être efficace et être efficace pour être compris. Si un cheval ne fait pas ce que nous voulons, soit il n'a pas compris parce que nous n'avons pas été assez clair soit il choisit simplement de nous ignorer et de suivre son propre plan. Le plus souvent c'est le premier cas et c'est seulement dans le dernier cas que nous pouvons être plus ferme dans notre communication ; nous devons être efficace.

## Etre attentif

Nous devons apprendre à lire le langage corporel de notre cheval. Alors seulement, nous pourrons évaluer avec précision les informations que le cheval nous donne et comprendre ce que notre cheval essaie de communiquer.

Puisque nous voyons notre cheval comme un partenaire, nous voulons qu'il se sente autorisé à exprimer ses opinions et ses idées. Je veux que mes chevaux sachent qu'ils peuvent me montrer quand ils se sentent inquiets, ou s'ils ont une idée d'eux-mêmes. Cela ne veut pas dire que nous devons suivre leurs idées tout le temps, comme les chevaux décident parfois de ne pas suivre l'idée d'un autre cheval du troupeau.

## Ne vous laissez pas marcher dessus

Un leader pense ce qu'il ou elle dit. Vous pouvez compter sur lui pour tenir ses promesses ; dans le cas contraire vous perdrez rapidement du respect. Quelquefois nos chevaux ont simplement une opinion différente ou sont dans un état d'esprit dans lequel ils peuvent se mettre, eux et les autres, en danger.

Quand nous passons du temps sans rien demander à notre cheval dans le pré, il y a peu de raisons pour contrôler et corriger le cheval. Tout ce que nous voulons, c'est qu'il ne nous écrase pas. Mais dès que nous sortons le cheval de son monde pour l'emmener dans le nôtre, nous devons nous assurer qu'il écoute ce que nous disons pour des raisons de sécurité. Et nous devons travailler cette obéissance à chaque fois dans les petites choses, pour que le jour où nous devrons vraiment défendre notre position, notre cheval cesse la discussion immédiatement.

Prenez, par exemple, la traversée d'une route très fréquentée avec votre cheval. Il est effrayé de toutes les voitures face à lui et, pour compliquer les choses, une maman approche avec une poussette derrière vous. Maintenant, il est vraiment effrayé, et vous pouvez sentir que tout ce qu'il veut faire est de s'enfuir au galop. Mais cela serait dangereux. Dans une situation comme celle-ci, nous devons garder le contrôle, être ferme et déterminé pour la sécurité de tout le monde – la maman et l'enfant, les passagers dans les voitures, nous et notre cheval. Si votre cheval n'a pas appris à écouter et à obéir à vos décisions avec confiance, cette situation finira probablement mal.

Ou imaginez que votre cheval est gravement blessé et doit voir le vétérinaire aussitôt que possible. Dans cette situation, il n'y a pas de place pour d'autres idées ou discussions. Il a besoin d'être chargé dans le van de suite, surtout si sa vie en dépend, ce qu'il ne peut pas savoir. En tant que leader responsable, nous devons prendre la décision pour lui et ne pas laisser de place pour la discussion. Bien sûr, cela signifie également que nous devons préparer notre cheval en amont pour des situations comme celles-ci.

C'est pourquoi il est important que nous insistions sur le fait que notre cheval respecte certaines règles de bonne conduite sans nous poser de questions. Nous devons travailler cela au quotidien. Oui, le cheval peut faire des suggestions. Mais si je choisis de ne pas les suivre et d'insister sur mon idée, je ne veux pas que mon cheval me défie ; je veux qu'il apprenne à accepter un non. Cela, toutefois, ne signifie pas que nous devons transformer notre cheval en un robot ou que nous devons nous transformer en dictateur. Etre le plus amical possible, mais ferme si nécessaire. Je vais parler plus en détail de cet aspect dans le chapitre 11.

## Avoir une idée précise

Une des caractéristiques de tout grand leader est qu'il a une idée précise d'où il veut aller. C'est probablement la raison pour laquelle il devient un leader avant toute chose. C'est aussi pourquoi le premier chapitre de ce livre est d'avoir un rêve. Si nous avons un rêve, nous pouvons le laisser être notre moteur et notre force. Cela nous donnera de la détermination et de l'enthousiasme. Cela nous aidera à avoir un plan menant à la réussite.

Nous, en tant que leaders, devons toujours savoir où nous voulons aller, ce que nous voulons ensuite réaliser. Sinon, le cheval va tout simplement suivre son propre chemin. Dans un troupeau, c'est soit suivre soit avoir ses propres idées. Et s'il n'y a personne à suivre, la seule chose qu'il reste est d'avoir ses propres idées.

C'est pourquoi il est important de garder votre rêve en vie peu importe ce que les autres disent. Nous devons le décomposer en éléments réalisables pour qu'il devienne un objectif réaliste à atteindre. Cela nous donnera une vue d'ensemble, et cela nous permettra de toujours penser avec une longueur d'avance sur notre cheval, qui a alors quelqu'un qu'il peut suivre.

## Cultiver l'auto-discipline

L'une des raisons qui fait que les grands leaders sont respectés est qu'ils montrent beaucoup d'auto-discipline. Nous devons suivre nos objectifs avec détermination, mais sans discipline, nous ne pourrons pas aller loin. Les réussites extraordinaires ne tombent pas du ciel – elles sont le fruit d'un travail très discipliné, passionné et structuré.

Nous devons avoir la discipline de suivre le plan que nous avons fait et ne pas abandonner quand les choses deviennent un petit peu difficile. Nous devons avoir la discipline nécessaire pour pratiquer les petites choses « ennuyeuses » mais importantes de même que le travail plus complexe.

## Surmonter la frustration

Il y aura des difficultés comme pour tout dans la vie. La question est : les laissons-nous nous dominer ou les attaquons-nous avec de l'énergie positive ? L'attitude que nous avons envers les difficultés peut tout changer. Choisissez-vous de vous plaindre, de vous blâmer et de vous attarder sur la frustration ou choisissez-vous de voir les difficultés comme des expériences d'apprentissage ? Chaque défi que nous rencontrons est une chance pour la progression et l'apprentissage.

> « *Au milieu de la difficulté se trouve l'opportunité* »
> – ALBERT EINSTEIN

Au début, avec ma jument Mazirah, j'ai fait beaucoup de choses incorrectes. Les choses n'évoluaient pas du tout comme je l'avais imaginé. Je suis tombée, j'étais en colère contre elle ; je la traitais injustement et je réagissais au fait qu'elle me rejette avec des émotions négatives. Je savais dans ces moments que je ne devais pas faire cela, mais je ne savais pas faire les choses différemment et comment me gérer moi-même. J'étais submergée par la frustration. La frustration commence quand s'arrête la connaissance.

La réponse est de transformer la frustration en fascination. Finalement, j'ai appris à utiliser l'énergie de la frustration pour faire fonctionner la partie de mon cerveau en charge de la résolution de problèmes.

Il y aura des moments de frustration quand nous ne saurons pas pourquoi notre cheval réagit comme ceci ou comme cela, ou fait certaines choses. La clé est la connaissance. Continuez à apprendre et à vous former. Plus vous en savez, meilleur vous pourrez être avec votre cheval. Ou demandez de l'aide à un professionnel ; une paire d'yeux expérimentés peut aider à démêler un nœud très serré.

Les chevaux pardonnent très rapidement. Ils ne sont pas comme les humains. Ils n'oublient jamais, mais ils pardonnent, et ils sont heureux de changer quand nous changeons. Présentez des excuses à votre cheval et prenez un nouveau départ.

## Avoir de l'enthousiasme et de la gratitude

Un leader rayonne d'enthousiasme et d'énergie positive. Mais j'ai rarement vu des propriétaires montrer à leur cheval quand ils sont heureux de ce qu'il a fait. Comment cela se fait-il ? Peut-être avons-nous appris à être trop critique avec nous-même ? Permettez-vous d'être motivé et enthousiaste pour votre objectif et votre rêve. Les chevaux imiteront vos émotions, donc en tant que leader vous devez être le premier à montrer de l'enthousiasme. N'attendez pas de votre cheval qu'il soit motivé ; attirez-le dans votre motivation.

Laissez votre cheval savoir et sentir quand vous êtes heureux et enthousiaste de ce qu'il a fait. Arrêtez de vous critiquer vous et votre cheval pour chaque minuscule imperfection. Soyez enthousiaste pour les petits moments agréables et ils se multiplieront comme par magie. Un leader qui rayonne d'enthousiasme pour son projet est facile à suivre.

La reconnaissance, aussi, motivera votre cheval à fournir plus d'effort. Vous savez de votre propre vie que le sentiment d'avoir été traité injustement nous rend rapidement aigri. C'est la même chose pour les chevaux. Ils aiment quand nous leur montrons notre reconnaissance. A quelle fréquence récompensez-vous votre cheval ? Combien des petites choses que votre cheval fait bien considérez-vous comme acquises ? Essayez un jour de récompenser votre cheval pour tout comportement « normal », comme le fait de simplement rester immobile pendant le pansage. Ou de donner ses pieds pour les curer. Ou trotter gentiment. Ayez pour habitude de dire merci à votre cheval. C'est un tel cadeau que notre cheval nous porte sur son dos, donc le moins que nous puissions faire est de dire merci et de le récompenser de faire ce que nous lui demandons.

### Ne prenez pas les choses personnellement

Les chevaux sont des chevaux, pas des humains. Les chevaux agissent sur le moment. Ils ne planifient pas, et ils ne peuvent pas penser de manière complexe. Les chevaux ne veulent pas vous contrarier ou vous faire payer pour la dure leçon d'hier. Ils ne se sentiront pas non plus offensés si vous vous exprimez vous ainsi que vos attentes haut et fort ; en fait, ils apprécieront cela. Traitez votre cheval comme un cheval. L'anthropomorphisme n'a pas sa place dans le dressage des chevaux.

## Comment devenir ce leader

Vous vous sentez peut-être un petit peu dépassé à présent. Et vous avez raison, il est déconcertant de savoir comment mener parfois et d'être ce que votre cheval à besoin. Nous avons tendance à avoir beaucoup de doutes sur nous-même et à voir tant de domaines où nous ne sommes pas assez bons.

### Accepter le leadership sans culpabiliser

Durant toutes les années pendant lesquelles j'ai coaché des couples humain/cheval, le point le plus difficile est d'être capable de fixer des limites et d'insister sur celles-ci. D'une certaine manière, il semble y avoir un énorme obstacle quand on en arrive à cela pour beaucoup, les femmes en particulier, y compris moi.

Même si nous savons ce que nous devons faire pour notre cheval, et que nous sommes capable d'appliquer la technique, cela semble mal. Le cœur se crispe et se serre un petit peu quand on nous demande d'être ferme. Nous nous sentons coupable envers notre cheval. Ou il peut y avoir des occasions où nous agissons mal avec notre cheval car il nous a contrarié une fois de trop. Dans les deux cas, il peut y avoir la peur que le cheval soit, ensuite, fâché avec nous et ne nous aime plus autant. Devinez quoi ? Cela n'aide personne – pas votre cheval et encore moins vous-même. Tout le monde se sent mal.

La chose à faire dans un moment d'énervement avec votre cheval est de redevenir conscient. Puis, vous demander pourquoi vous êtes contrarié en premier lieu. La plupart du temps, nous sommes contrariés quand nous n'avons pas dit non à temps ou que nous n'avons pas insisté sur les limites la première fois que le cheval les a franchies. Nous pouvons être trop tolérant. Nous attendons trop avant de décider que c'en est assez. Nous essayons souvent de garder un climat calme, pas seulement avec notre cheval, mais dans notre famille et au travail aussi, et nous le tolérons depuis si longtemps que des gens nous marchent sur les pieds ou nous nous accommodons d'un mauvais compromis. Notre cheval est seulement le reflet de cela.

Pourquoi ? Pourquoi valorisons-nous tout le reste plus que nous-même ? Pourquoi donnons-nous plus d'importance à tout le reste qu'à nos propres sentiments et priorités ? Pourquoi sommes-nous bien plus concernés par le bonheur de tout de monde que par notre propre satisfaction ? Pourquoi respectons-nous tout le monde plus que nous-même ?

## Avoir le courage de s'exprimer

C'est ici que je vois le vrai problème. Dans la société d'aujourd'hui, les filles sont élevées pour ne pas s'exprimer lorsqu'elles se sentent mal à l'aise. *« Allez, dis bonjour au monsieur ; sois polie ! »* « *Allez, ce n'est pas si terrible, tu peux le faire !* ». *« Si tu dis non, grand-mère ne sera pas contente »*. *« Mange ton repas, ta mère à fait tant d'efforts pour faire ce délicieux plat »*.

A chaque fois qu'une femme ose parler tout haut ou diriger, elle est désapprouvée. Pourtant, si elle était un homme, l'ambition serait louée. Il est temps pour les femmes d'être ambitieuses, même avec nos chevaux. Nous avons appris à ignorer nos limites et nos véritables sentiments pour éviter que les autres ne se sentent mal. Nous avons appris à ne pas piétiner les sentiments des gens, mais nous n'avons pas appris à prendre soin de nos propres sentiments.

Les autres semblent toujours plus importants. Nous avons oublié comment nous écouter. Notre voix intérieure nous aide à identifier nos limites, nous pouvons donc les protéger et en fin de compte, nous protéger nous aussi. Cela nous permet d'être en sécurité.

Je crois que nous sommes contrariés avec nos chevaux seulement pour deux raisons :

- Nous ne savons pas comment nous devons réagir
- Nous pensons que nous ne sommes pas autorisés à défendre nos limites

Laissez-moi vous dire : votre petite voix à raison. Ecoutez-la et agissez en conséquence. Vous avez tous les droits du monde de laisser votre cheval savoir ce que vous voulez qu'il fasse ou ne fasse pas ! Dès que vous vous sentez un tout petit peu dans l'inconfort, faites-le savoir à votre cheval. Il ne peut pas savoir autrement ; il ne peut pas lire dans vos pensées. Et lui, en tant que cheval, fera simplement ce qui lui vient à l'esprit à l'instant précis et il fera ce qui est possible pour lui. Si nous prenions la parole à l'instant même où notre cheval faisait quelque chose que nous n'aimions pas, nous n'aurions pas besoin de corriger aussi fermement. En faire moins plus tôt, plutôt que plus plus tard. Nous devons devenir moins tolérants et apprendre à calmement expliquer notre vérité – par amour pour notre cheval et nous-même, guidés par l'intention d'éviter les drames ultérieurs.

Les chevaux ne dépassent pas nos limites volontairement. Ils ne se réveillent pas le matin et se disent : « aujourd'hui je vais vérifier si elle s'énerve quand je lui marche sur les pieds » ou « voyons à quel point elle s'énerve quand je m'arrête tout le temps pour manger». C'est à nous de les laisser savoir ce qui est acceptable pour nous.

Les chevaux n'ont pas peur de se faire disputer ; cela arrive tout le temps dans un troupeau : « va-t'en, c'est mon foin, ma place ». Aucun cheval n'est ému ou contrarié de cela. Ils savent comment protéger leurs limites de manière à ce que les autres ne se sentent pas offensés ou menacés.

Les chevaux feront seulement ce pour quoi ils sont programmés par la nature, ce que vous leur demandez de faire et ce que vous leur permettez de faire. Les chevaux font uniquement ce qui fonctionne pour eux, surtout les jeunes chevaux : « ce comportement fonctionne pour moi, celui-ci ne fonctionne pas, alors je ne ferai plus cela ». Cela n'a rien à voir avec le fait de tester votre leadership, vérifier qui est plus dominant que l'autre. Au contraire, c'est simplement vérifier ce qui fonctionne et ce qui ne fonctionne pas. Si la première fois que le cheval essaie de vous tirer vers une grosse touffe d'herbe, cela ne marche pas, les chances sont plus grandes pour qu'il ne voie plus cela comme une option. Cependant, si vous l' « autorisez » à vous tirer au premier essai, il verra cela comme une option à partir de maintenant. A chaque fois il le fera avec plus de certitude. Et si vous décidez finalement de l'arrêter après dix incidents, il sera assez difficile de convaincre votre cheval qu'il n'est plus autorisé à faire cela. Dans sa tête, ce sera : « j'ai toujours été autorisé à faire cela, alors pourquoi je ne le suis plus soudainement ? Tu en es vraiment sûr ? Et si je me bats pour l'avoir ? » Et c'est alors que nous avons une dispute plus sérieuse avec le cheval, ce qui est regrettable pour nous deux. Nous devons adopter la clarté d'une clôture électrique. Généralement les chevaux ne touchent qu'une seule fois la clôture électrique, et la clôture n'est pas frustrée ou énervée si un cheval la touche – et ne court pas après le cheval pour le choquer encore.

### Etre d'abord fidèle à soi-même

Combien de fois avez-vous autorisé votre cheval à faire des choses que vous n'aimiez pas ? Combien de fois vous êtes-vous dit « oh, ce n'est pas si grave, il va s'arrêter bientôt », pour ensuite être très contrarié parce que c'est devenu une nouvelle habitude ?

Etre fidèle à soi-même et apprendre à écouter et à respecter notre petite voix intérieure : je crois que ce sont les choses les plus puissantes que nous pouvons apprendre de nos chevaux. Et en nous acceptant à nouveau, nous devenons authentiques et le leadership devient plus facile.

Dites oui à qui vous êtes maintenant. Vous battre avec vos faiblesses ou les choses que vous avez faites dans le passé ne fera que vous retenir. Tous ces « et si ? » ou « j'aurais dû faire… » ne font que ruiner votre journée. Fermez le livre de la culpabilité et des reproches. Commencez un nouveau livre, un livre de liberté, d'acceptation et de nouvelles possibilités.

Autorisez-vous à *être*. Apprenez à *être vous* avec confiance. Vous êtes bien tel que vous êtes et votre cheval est bien tel qu'il est, de la manière la plus authentique. Vous êtes bien et autorisé à l'*être* tout autant que votre cheval est et est autorisé à l'être. Quand vous comprendrez ceci, vous pourrez écouter véritablement votre cheval et lui donner de l'espace.

## Comment les chevaux nous aident à grandir

J'ai appris à m'autoriser à *être* avec Mazirah. A présent, vous la connaissez un peu – la vive, émotive et sensible jument arabe shagya que j'ai achetée à l'âge de trois ans. Jusqu'à ce que je la rencontre, je n'avais jamais eu un cheval aussi extraverti qu'elle. J'ai sincèrement fait du mieux que je pouvais. Je l'écoutais, j'étais gentille et douce autant que ma patience le permettait. Je me retenais, ne voulant pas la contrarier jusqu'à ce que ce soit tout simplement trop. Nous étions prises dans un cercle de destruction : j'étais trop tolérante, trop longtemps et je ne lui offrais pas assez de directives afin qu'elle puisse se sentir en sécurité. A un moment donné, ma patience arrivait à bout et je réagissais de manière excessive. Bien sûr, ensuite, elle avait peur de moi et son comportement empirait. Elle continuait de me pousser, de détaler, de courir partout comme un poulet à qui il manque la tête. A ce moment j'étais complètement désespérée, frustrée et je ne savais plus quoi faire. Je me sentais terriblement coupable, sachant que j'étais la cause de ce désastre.

C'est alors que, par chance, j'ai rencontré mon mentor Berni Zambail qui m'a fait prendre conscience que j'étais prise dans une relation incompatible avec Mazirah. Elle était la fougueuse extravertie qui n'avait jamais peur de s'exprimer et moi, la silencieuse et gentille fille qui était trop timide pour vraiment s'exprimer et se faire entendre. La première fois que j'ai osé être plus extravertie et que j'ai osé engager avec Mazirah une conversation qui aurait du sens pour elle, je me suis sentie terriblement mal-à-l'aise. Mais je pouvais voir les résultats presque instantanément. Tout à coup, Mazirah m'écoutait. Elle commençait à s'ouvrir et à me faire confiance. Au fur et à mesure que je trouvais et acceptais mon côté extraverti, je pouvais être la leader dont elle avait besoin pour se sentir en sécurité.

Je savais durant tout ce temps que j'avais ce côté expressif, énergique et même joueur en moi. Mazirah m'a aidée à le débloquer et à accepter ce côté de moi-même. Elle m'a montré que je n'avais pas de raison de me sentir embarrassée ou honteuse d'exprimer qui je suis, mes souhaits et mes limites. Elle m'a très clairement montré qu'elle voulait rencontrer la véritable moi, qu'elle voulait connaître mes opinions, et qu'elle préférait lorsque je m'exprimais haut et fort plutôt que doucement en espérant qu'un jour elle changerait. J'ai appris à être un peu plus la jument dominante.

Mais peut-être que vous vous trouvez du côté inverse de l'histoire. Peut-être que vous êtes l'extraverti qui possède un cheval timide et introverti. C'est ce qui est arrivé à mon mari il y a quelques années. Il a une personnalité très extravertie et a très confiance en lui. Après la mort de son cheval, un nouveau est entré dans sa vie. Au départ, il ne pouvait pas l'attraper dans le pré, quoiqu'il fasse. Et plus cela lui prenait de temps, plus il s'énervait, ce que le cheval sentait, bien sûr, et ce qui lui faisait d'autant plus peur. Au bout d'un certain temps, mon mari a appris à écouter et à se taire, à autoriser au lieu de diriger. Alors, le cheval a commencé à avoir confiance et à venir lorsqu'on l'appelait. Mon mari a dû développer le côté « cheval meneur » en lui. Dès que le cheval sentait qu'on le voyait et qu'on l'écoutait, il était tout simplement parfait.

## Exercice :
## Trouvez le leader inné en vous

Réfléchissez à la question : « suis-je introverti ou extraverti ? ». Si vous êtes un introverti, pensez à des façons de développer votre côté extraverti. Comment pouvez-vous vous entraîner à vous faire entendre et à agir avec certitude et courage ? Si vous êtes un extraverti, comment pouvez-vous vous entrainer à autoriser et à être à l'écoute ?

Qu'importe le côté qu'il vous faut développer, ce sera inconfortable au départ. Mais si vous vous autorisez à faire ce voyage avec le cœur ouvert, vous trouverez le véritable vous. Vous découvrirez une nouvelle confiance en vous que vous n'aviez jamais soupçonnée jusque-là.

Votre cheval vous invite à vous ouvrir, à découvrir de nouvelles possibilités, à oser être vous-même et à vous valoriser. Nos chevaux nous aident tout au long du chemin qui nous permettra d'être un bon leader. Autorisez-vous à vous plonger dans cette expérience. L'évolution prend du temps. C'est votre voyage. Vous pouvez faire le choix de l'apprécier.

# Le Meilleur état d'esprit

Quel est le facteur décisif qui fait d'un cheval le cheval de vos rêves et non un cauchemar ? Trouver la parfaite écurie, la nourriture parfaite, se tenir à une méthode que tout le monde trouve bonne, travailler sur soi pour s'améliorer et se perfectionner ? La responsabilité semble énorme et les possibilités d'échec nombreuses. Nous passons trop de temps à nous demander « et si... » et à se dire « oui, mais... » et nous gaspillons beaucoup d'énergie avec des pensées limitées.

Au lieu de cela, nous devrions concentrer notre énergie sur nos possibilités et avancer à partir de là. Que pensez-vous pouvoir accomplir ? Combien de fois vous surprenez-vous à ne pas faire quelque chose par peur d'échouer ? Si vous avancez constamment, un pas après l'autre, vous atteindrez tout de même votre objectif, mais vous devez d'abord penser que c'est possible. Ne laissez pas la peur vous freiner. Vous devez croire en vous, personne d'autre ne le fera pour vous. Vous pouvez faire bien plus que vous ne le pensez car vous possédez déjà les qualités qu'il faut en vous.

Tous les gens du milieu équestre qui ont réussi ont une chose en commun : leur état d'esprit. Adoptez ce que j'appelle « le meilleur état d'esprit » vous aidera à gérer les contraintes, les sentiments de faiblesse et la frustration.

## Affirmations pour le meilleur état d'esprit

1. J'ai un rêve
2. Je suis un créateur
3. Je suis conscient de moi-même, de mon cheval et du processus
4. Je suis un leader par nature
5. Je comprends mon cheval
6. J'avance étape par étape

7. Je suis empathique
8. Je suis patient
9. Je suis un professeur
10. Je respecte mon cheval et ses besoins

## 1. J'ai un rêve

L'ÉTAT D'ESPRIT : *j'ai un rêve et je ne l'abandonne pas. Mon rêve est ma motivation, ce qui me fait continuer même lorsque je suis en difficulté. Je protège mon rêve des gens qui pensent qu'il y a trop de raisons pour que je ne réussisse pas à le réaliser. Je n'autorise personne à me parler négativement de cela. Mon rêve me fait sortir du lit le matin, me donne l'envie et la passion de rendre l'impossible possible. Il me guide dans ma quête de savoir, d'éducation, d'action et de réussite.*

Nous avons déjà exploré ce sujet dans les chapitres précédents, ici je vais donc simplement vous rappeler que ne pas avoir de rêve signifie que vous vivrez une vie médiocre, sans passion ni volonté. Soyez courageux et ayez un rêve fou et grand. S'il ne vous effraie même pas un peu, alors il n'est pas assez ambitieux ! Utilisez le pouvoir de votre rêve comme motivation pour faire les bons choix.

Tout commence par un rêve – chaque invention, chaque empire, chaque grande aventure ou entreprise. Cette personne avec un rêve était si passionnée qu'elle a fini par faire ce qu'il fallait pour que son rêve se réalise.

## 2. Je suis un créateur

L'ÉTAT D'ESPRIT : *je sais que je suis né avec la capacité de créer. Je crois en moi et en ce don naturel. Il n'appartient qu'à moi de créer le cheval de mes rêves.*

Il est aisé d'atteindre des objectifs lorsque vous avez un grand talent et beaucoup d'argent. Il est simple d'aller faire des choses lorsque vous avez confiance en vous et que vous vous fichez de ce que pensent les autres de vous. Mais lorsque vous n'avez rien de tout cela, ou qu'il vous en manque un ou deux, c'est difficile. Je connais ces doutes ; ils peuvent être paralysants. Ils vous font rester dans votre canapé au lieu d'aller profiter avec votre cheval.

La raison pour laquelle nous ne parvenons pas à faire beaucoup de choses est simplement que nous abandonnons déjà avant même d'avoir essayé. Nous croyons très peu en nos compétences. Je sais qu'il est difficile de se motiver, de s'encourager, mais une fois que vous découvrez que vous pouvez faire ce que vous pensiez ne pas pouvoir faire, c'est valorisant ! D'après mon expérience, si je me lève et que je mets mon énergie et mon esprit dans ce que je pensais ne pas pouvoir réussir, je réussirai. Parce que nous le pouvons. Parce que nous avons le pouvoir inné de créer des choses et d'utiliser le pouvoir de nos esprits.

Chaque jour est une décision nouvelle et intentionnelle de repousser loin les doutes et de faire un pas de plus vers notre rêve.

## 3. Je suis conscient de moi-même, de mon cheval et du processus

L' ÉTAT D'ESPRIT : *j'ai conscience de mes motivations et de la raison derrière mes actions. Je sais pourquoi j'ai un cheval et où je veux aller avec lui. Je suis au courant de mes réflexes de prédateur tout à fait normaux et je sais comment ne pas agir en fonction de ces derniers. J'ai conscience des besoins de mon cheval. Je ne projette pas mon humanité sur mon cheval et n'essaie pas de le rendre humain. Je fais preuve de clarté quant à ce qu'il doit apprendre, quand et pourquoi.*

Tout commence par la prise de conscience. Elle apporte de la clarté à nos esprits et à nos plans. La clarté apporte la paix. Si je n'ai pas de prise de conscience, je ferai les mêmes erreurs et je rencontrerai les mêmes obstacles encore et encore.

Soyez conscient de la nature de proie de votre cheval et de la façon dont vous pouvez déclencher ses instincts avec vos réflexes de prédateur. Un peu de connaissance vous permettra d'éviter les tracas du quotidien.

Soyez honnête avec vous-même (sans vous juger pour autant). Vous avez le droit d'être et d'avoir vos rêves et vos raisons. Pas de culpabilité, pas de honte.

## 4. Je suis un leader par nature

L'ÉTAT D'ESPRIT : *je me connais, et je m'accorde de l'importance, ainsi qu'à mes besoins et à mes limites. Je peux d'abord prendre soin de moi. Cela m'aide à être un authentique et naturel leader pour mon cheval. Je connais le besoin qu'à mon cheval d'avoir des règles claires. Je suis présent pour mon cheval. Je suis son partenaire, celui qui prend soin de lui, qui le protège et qui l'éduque. Je suis en charge de lui tout en étant bon et juste.*

Encore une fois, nous avons exploré ce sujet précédemment, mais nous n'en parlons jamais trop ! Je sais que la capacité à être un leader est présente en chacun de nous. C'est notre travail de trouver et de valoriser le leader qui se trouve en nous. Tout commence par vous valoriser et valoriser votre voix intérieure et ne pas vous blâmer pour tout ce que vous pourriez mieux faire. Tout commence par un « oui ». Dites « oui » à vos besoins, à vos limites, et à vous-même.

## 5. Je comprends mon cheval

L'ÉTAT D'ESPRIT : *je comprends la nature de mon cheval, comment il pense et comment il joue. J'ai connaissance de son caractère unique, et j'apprécie ses qualités. Je sais ce que je dois faire pour m'adapter et faire ressortir le meilleur de mon cheval. Je comprends comment le motiver lorsqu'il s'ennuie ou qu'il n'a plus d'énergie. Je sais comment l'aider à se sentir en sécurité lorsqu'il a peur et qu'il est dissipé. Je sais comment lui donner confiance en lui et en ses capacités.*

Les chevaux pensent tellement différemment de nous les humains. Ce n'est pas surprenant que le risque de difficulté soit si grand ! Nous devons nous plonger profondément dans le sujet du comportement équin. Découvrir comment interpréter le langage corporel du cheval et étudier ses mouvements et sa gestuelle ; chaque cheval est unique. Apprenez comment motiver un cheval fainéant, comment calmer un cheval vif, comment détendre un cheval tendu, et comment obtenir la coopération d'un cheval désobéissant.

En apprenant à comprendre votre cheval et à vous adapter, vous ferez ressortir le meilleur de lui. C'est la clé pour avoir un cheval heureux, confiant et enthousiaste à vos côtés.

## 6. J'avance étape par étape

L'ÉTAT D'ESPRIT : *je fais un pas après l'autre, même si un pas semble infime et inutile. Je continue, quoiqu'il arrive. Ce sera parfois simple, parfois difficile. Je grandis à chaque épreuve et chaque échec. Je ne m'attarderai pas à inventer des excuses, je trouverai la réelle raison derrière ces échecs et j'irai voir mon cheval quoiqu'il arrive. Je fais ça pour mon cheval.*

Un rêve restera un rêve si on ne se décide pas à faire le premier pas pour le réaliser. Un objectif est un rêve avec une date limite. Personne ne peut réaliser votre rêve à part vous. Vous êtes celui qui doit se lever, avancer un pas après l'autre et faire le nécessaire. Ecrivez votre objectif et décomposez-le en différentes étapes – vous pouvez même rediviser les étapes. Assurez-vous de ne pas avoir d'étapes trop grandes à franchir d'un coup ; préparez-vous pour réussir ! Cela vous aidera à rester motivé lorsque les choses se compliqueront.

## 7. Je suis empathique

L'ÉTAT D'ESPRIT : *je suis empathique avec moi-même. Je me permets d'être là où je suis et de progresser à mon propre rythme. Je m'autorise à faire des erreurs. J'accepte même mes erreurs car je sais que j'apprendrai d'elles. Je fais toujours les choses de mon mieux, et c'est ce qui compte. Je suis empathique avec mon cheval. Je suis compréhensif envers sa façon de penser et de réagir. J'essaie de penser comme mon cheval afin de voir le monde de son point de vue. J'autorise mon cheval à faire des erreurs car il apprendra aussi d'elles. Je mets du cœur à l'ouvrage et laisse ma passion dicter mes actions.*

Personne n'est aidé si vous vous reprochez vos erreurs. Cela vous fera seulement vous sentir mal et peu sûr de vous la prochaine fois que vous ferez la même chose. Cela ne veut pas dire que vous devez ignorer vos erreurs, mais vous pourriez simplement dire : « ce que j'ai fait n'était pas très intelligent. Je m'en souviendrai et je trouverai une façon d'agir différemment la prochaine fois que je me trouverai dans cette situation ». Trouver ce qui ne fonctionne pas, c'est aussi ça apprendre.

Soyez empathique avec votre cheval et sa perception du monde. Votre cheval ne cherche jamais à se "moquer" de vous ou à vous provoquer personnellement. Il y a toujours une raison derrière son comportement. Essayez de voir le monde de son point de vue, vous le comprendrez tout de suite mieux et vous aurez plus d'empathie pour lui.

## 8. Je suis patient

L'ÉTAT D'ESPRIT : *j'ai foi en le processus et en notre chemin ensemble. J'ai la patience nécessaire pour que les choses se mettent en place. Je sais que la réussite n'arrive pas du jour au lendemain mais qu'il s'agit d'un processus, ce que j'apprécie. Je suis patient avec mon propre apprentissage et mes progrès ; je sais que tout finira par arriver si je continue d'avancer étape par étape. Je suis patient avec mon cheval, et je vais prendre le temps qu'il faudra pour lui apprendre tout ce qu'il a besoin d'apprendre.*

L'impatience nous rend malheureux. Il nous est difficile d'être dans le moment présent et d'être heureux avec ce que l'on a ; on aimerait toujours avoir réussi ceci ou cela. Ayez la patience d'attendre que les choses finissent par fonctionner. Tout prend du temps avec les chevaux. Soyez patient avec vous-même et donnez-vous le temps d'apprendre les choses. Le pire que vous puissiez faire serait de vous pousser trop brusquement et de perdre confiance en vous. Dès que vous essayerez de les précipiter, les choses commenceront à s'effondrer.

Soyez patient avec votre cheval : laissez-le apprendre à son rythme, laissez sa confiance en vous grandir doucement, et le plus important, donnez à votre relation le temps de se développer.

## 9. Je suis un professeur

L'ÉTAT D'ESPRIT : *j'éduque mon cheval de sorte qu'il sache comment appréhender le monde des humains. Je lui apprends certaines compétences avant qu'elles ne deviennent urgentes, comme le faire monter dans un van, être douché, le préparer pour les visites vétérinaires ou avec le maréchal-ferrant. Je contrôle la situation, et j'ai toujours une longueur d'avance. Je pense à l'avenir et j'enseigne à mon cheval ce qui est nécessaire pour qu'il puisse comprendre plus tard. Je m'instruis de façon à pouvoir atteindre mon rêve. Je demande de l'aide et du soutien lorsque j'en ai besoin, pour le bien de mon cheval.*

> *Je ne dirai pas : je suis tellement maladroit.*
> *Je dirai : je maitriserai ça avec du temps, tout ce que j'ai à faire c'est m'entraîner !*
> *Je ne dirai pas : mon cheval n'aime pas ca.*
> *Je dirai : comment puis-je expliquer à mon cheval que ce n'est pas si mal ?*

L'éducation est la clé pour comprendre votre cheval. Et éduquer votre cheval est la clé qui lui permettra de vous comprendre. La compréhension mutuelle est la clé qui ouvrira la porte menant à votre rêve. Si vous ne prenez pas le temps et ne fournissez pas les efforts nécessaires à votre éducation et celle de votre cheval, vous n'atteindrez pas votre rêve. Tout peut être appris, mais parfois vous aurez besoin de soutien extérieur.

## 10. Je respecte mon cheval et ses besoins naturels

L'ÉTAT D'ESPRIT : *je connais les besoins de liberté, de contact social et d'alimentation continue de mon cheval. Je m'assure en premier d'assurer les besoins naturels de mon cheval. Je connais la nécessité et les bases des* soins généraux tels que la vermifugation, la vaccination, l'alimentation appropriée, les soins des sabots, les soins dentaires, la biomécanique et l'adaptation de la selle. Je prends soin de mon cheval de manière responsable et holistique.

Un cheval dont les besoins naturels ne sont pas satisfaits ne sera pas prêt et ouvert à vous. Son esprit sera occupé à s'inquiéter d'autres choses. Soit il aura trop d'énergie car il sera resté enfermé dans un box, soit il aura faim, soit il sera frustré car il n'aura pas de contacts sociaux. Posséder un cheval et le maintenir heureux et en bonne santé est une énorme tâche. Les propriétaires de chevaux dépendent souvent lourdement des conseils de professionnels, tels que les maréchaux-ferrants, les vétérinaires ou les saddle-fitter. Instruisez-vous pour être moins dépendant des conseils des autres. Croyez-moi : être suffisamment instruit pour être indépendant des autres (ou savoir à quel professionnel faire confiance) n'a pas de prix. Formez-vous sur autant d'éléments des soins généraux pour chevaux que vous le pouvez afin de pouvoir faire des choix responsables pour votre cheval. Cela ne vous permettra pas seulement d'économiser de l'argent à long terme, vous pourrez également avoir un cheval heureux et en bonne santé pour bien plus d'années.

## Exercice :
## Et si vous aviez un courage illimité ?

Votre capacité à atteindre votre objectif dépend de votre attitude. Si vous ne croyez pas en vous, qui devrait le faire pour vous ? Vous pouvez réussir bien plus que vous ne le pensez en ce moment même. Mais cela doit commencer avec une décision d'être dévoué à la tâche. C'est une décision consciente, un état d'esprit dans lequel vous êtes prêt à faire ce qu'il faut.

Que ferait la version compétente et confiante de vous-même dans cette situation ? Prenez un peu de temps pour écrire dans votre journal ce que vous feriez si vous aviez un courage sans limite et à quoi ressembleraient vos décisions.

Partie 2 :

# Comprendre votre cheval

Le livre *Les hommes viennent de Mars, les femmes viennent de Vénus* de John Gray a attiré l'attention du monde entier sur le fait que les hommes et les femmes pensent différemment. Nous savons tous cela de notre propre vie, bien sûr. Le plus souvent, cette différence peut nous faire perdre notre patience car nous ne pouvons simplement pas comprendre pourquoi diable il fait les choses comme il le fait ! Nous savons que nos partenaires du sexe opposé sont différents, et cette différence peut nous empêcher d'avoir les relations que nous voulons. Mais si nous faisons un petit effort pour comprendre leurs différences de sentiments et de pensées, nous pouvons faire un grand pas vers une relation harmonieuse.

Il en va de même pour nos chevaux. Ils sont juste différents, peut-être même l'opposé de nous, les humains. En apprenant à comprendre comment ils pensent, ressentent, apprennent et perçoivent le monde autour d'eux, vous ferez disparaître le mystère de tout cela. Vous saurez pourquoi votre cheval agit comme il le fait, vous deviendrez conscient de comment votre comportement influe sur votre cheval (positivement ou négativement). En comprenant réellement ce qui fait vibrer un cheval, vous débloquez la porte de la relation que vous souhaitez avec votre cheval.

# Le Cheval : une proie

Les chevaux ne sont pas courageux de nature. Toute personne dans le monde des chevaux sait que les chevaux sont des proies. Mais qu'est-ce que cela signifie vraiment ? Comment un cheval, en tant que proie, pense-t-il et réagit-il face à son monde ?

C'est particulièrement important à savoir avec votre jeune cheval. Votre jeune n'a pas encore beaucoup d'expérience avec le monde des humains, donc ses instincts primaires de fuite sont toujours très proches de la surface et émergent très facilement. Un poulain est avant tout un cheval sauvage, pas encore apprivoisé, et des choses simples peuvent conduire à de grands drames.

Apprenez à comprendre comment la proie pense et ressent. Apprenez comment ils perçoivent différemment de nous le monde autour d'eux et vous serez capable de faire ressortir le meilleur comportement de votre jeune.

Souvent les propriétaires me demandent : « comment se comporte-t-il ? Est-il gentil ? ». Je suis généralement surprise par cette question car le cheval se comporte parfaitement. Quand plus tard je demande au propriétaire pourquoi ils m'ont demandé cela, j'obtiens généralement des réponses comme : « à la maison, il n'est pas facile à attraper », « il ne reste pas immobile au pansage », « il est nerveux au montoir » ou « il est impatient quand il est en tête ».

Comment se fait-il que le même cheval se comporte parfaitement avec moi mais pas avec son propriétaire ? Il s'agit d'une question de déclenchement des instincts de fuite. Est-ce que votre comportement déclenche son instinct de fuite ou fait-il ressortir le meilleur de votre cheval ? Je ne crois pas que les chevaux nous identifient, les humains, d'un point de vue visuel à des prédateurs ; c'est notre manière d'agir, surtout dans des situations de stress.

## Comment les prédateurs se comportent-ils ?

Les prédateurs se concentrent sur leur objectif. Nous voulons tout contrôler. Quand nous approchons avec précaution en tenant le licol derrière notre dos et en attrapant rapidement le cheval avec la longe autour de son encolure, nous sommes des prédateurs. Dans des situations de stress, notre vision se rétrécit ; nous nous concentrons seulement sur la chose la plus importante. Nos mains se ferment rapidement et s'ouvrent doucement. Même si maintenant vous pensez : « oh non, je ne suis pas comme cela », pensez à comment vous êtes quand vous êtes stressé, impatient, effrayé ou énervé – les comportements de prédateurs ressortent, que vous l'aimiez ou non. Il faut avoir conscience de soi pour les combattre et faire activement le contraire.

C'est tout simplement une conséquence logique de notre façon de penser, agir et réagir qui déclenche très souvent l'instinct de fuite de notre cheval. Comprendre comment le cheval pense et agit et comment ses instincts sont déclenchés peut aider à éviter de nombreuses situations délicates. Dans chaque cheval vit deux êtres – l'un que l'on apprécie et aime véritablement, et l'autre, celui qui est « fou » ou déraisonnable ; Jekyll et Hyde. « Ce n'est pas mon cheval ; d'habitude il n'agit pas comme cela. « Pourquoi agit-il comme s'il était fou ? ». « Il n'écoute plus ». « D'habitude il sait comment le faire parfaitement ; il est stupide de ne plus se rappeler ». L'une de ces phrases vous semble-t-elle familière ?

C'est le phénomène que nous constatons quand notre cheval est relaxé et calme, que son comportement de proie n'est pas déclenché vs. quand ses instincts sont activés et qu'il agit en fonction d'eux. Oui, d'une certaine manière, il y a deux chevaux en un, et nous devons gérer chacun d'eux complètement différemment. La grande question est : quelle version de notre cheval encourageons-nous à se montrer plus souvent avec notre propre comportement ?

## Comment une proie se comporte-t-elle ?

Quels sont les points les plus importants à garder à l'esprit sur la proie qu'est le cheval ? Voici les plus fondamentaux :

- Le cheval est un animal grégaire, vivant en troupeau, habitué à vivre dans une structure sociale hiérarchisée.
- Le cheval est un animal qui a un instinct de fuite
- Le cheval est un animal qui a besoin de mouvement, qui a évolué pour vivre dans des espaces ouverts.
- Le cheval est un animal instinctif, réagissant souvent par pur instinct et non par le fruit d'une réflexion calculée.
- Les sens des chevaux sont très développés, et leur vision est différente de la nôtre.

Je ne veux pas rentrer dans une interminable discussion sur ces points fondamentaux mais rester pratique en examinant ce qu'ils signifient réellement pour notre vie quotidienne avec les chevaux.

### Les Chevaux sont toujours à l'affût

Même si vous pensez qu'ils ne regardent pas, ils le font. Ce seul point a assuré leur survie sur plusieurs milliers d'années. Etant plus vigilants que le loup, ils repèrent le prédateur avant que le prédateur ne les repère. C'est pourquoi si souvent nous avons l'impression que notre cheval croit percevoir des hommes violets dans les buissons. Ils regardent au loin, s'effraient à la vue d'une ombre ou d'un minuscule bruit, la liste est encore longue. Les chevaux seront toujours, d'une certaine manière, à l'affût du danger.

Bien sûr, il y en a certains qui seront plus réactifs que les autres, mais en général, les chevaux sont programmés pour tout voir. Et je parle de *tout*. Même si votre cheval semble être à moitié endormi, il n'y a tout simplement jamais un moment où il n'est pas en alerte.

## Les Chevaux détecteront chaque changement dans leur environnement

Un cheval peut détecter la moindre altération de son environnement. Par exemple, ils verront si la carrière a été arrosée et s'il y a quelques taches humides sur le mur. Le jour avant, le mur était sec et uniforme tout du long. Votre cheval se comporte comme si ces endroits plus sombres étaient des trous noirs qui l'avaleraient d'une seule bouchée. A chaque fois que vous passez par cet endroit, votre cheval vous fait son plus beau pas de côté au trot. La tâche n'était pas là hier, et c'est une preuve suffisante que cela doit être dangereux ! Ma propre jument Mayana agit parfois comme cela.

Votre cheval est simplement devenu un bon cheval en étant attentif à ces changements. Oui, je sais, c'est très agaçant. J'ai un cheval qui, chaque hiver, développe une étrange peur des barils bleus. L'été, il adore jouer avec eux, sauter par-dessus, les faire rouler. Mais en hiver, je peux à peine passer devant eux sans que ses yeux ne sortent presque de sa tête.

Les chevaux remarquent chaque changement dans leur environnement habituel. Le changement signifie un éventuel danger, donc en ayant une excellente mémoire et des capacités d'observation les chevaux s'assurent simplement qu'ils survivent. Changement de météo, changement de lumière, changement d'environnement, changement d'humain, changement de nourriture, changement de l'heure à laquelle vous le sortez – pour votre cheval tout est bon à prendre en note. Soyez conscient de ce simple fait, juste pour que vous soyez mentalement préparé à éventuellement vous adapter dans le cas où votre cheval réagirait au changement.

## Sa première idée sera toujours de FUIR

Les chevaux n'ont pas de cornes comme d'autres proies, comme les vaches ou les chèvres. Leur seul moyen de survie est leur vitesse et leur capacité à détecter le danger. Les chevaux fuiront toujours en premier, et réfléchiront après. Mais surtout, tout ce qu'ils pensent est : « ouf, j'ai survécu, j'ai bien fait de fuir ». Et ils fuiront encore la prochaine fois. C'est simplement la programmation innée que la nature leur a donnée pour s'assurer qu'ils survivent.

La distance parcourue par un cheval après avoir perçu quelque chose d'effrayant dépend fortement du caractère du cheval. Certains chevaux, comme les chevaux arabes, fuiront plus longtemps ; certains chevaux, comme les chevaux de trait, ne fuiront peut-être que quelques mètres.

Nous, étant des prédateurs, penserons en premier et ensuite nous déciderons s'il est plus intelligent de courir ou non. C'est une programmation naturelle ; le prédateur doit préserver son énergie pour avoir quelques réserves pour la prochaine chasse. Mais comme il ne peut pas savoir à coup sûr quand sera la prochaine fois qu'il aura une chasse fructueuse, il est intelligent de préserver de l'énergie pour quand elle sera le plus nécessaire. Les chevaux mangent tout le temps car leur nourriture pousse sous leurs pieds. Par conséquent, ils n'ont pas besoin de perdre beaucoup d'énergie à approvisionner leur corps, et ils peuvent donc courir immédiatement à chaque fois qu'ils pensent qu'il y a un danger quelconque.

Malheureusement pour nous, leur temps de réaction est dix fois plus rapide que le nôtre. Cela explique pourquoi si souvent nous avons l'impression que notre cheval s'effraie de « façon inattendue ». Si nous essayons de stopper un cheval qui fuit en tirant sur les deux rênes lorsque son instinct de fuite se déclenche, on éveille juste une autre peur chez le cheval : la peur d'être pris au piège.

## Les Chevaux sont extrêmement claustrophobes

En tant que proie, vous feriez mieux de ne pas entrer dans une grotte sombre car c'est ici que le prédateur vit. Et il n'y a pas de moyen de s'échapper. Cela semble logique, non ?

Il y a tant de situations dans la vie quotidienne, qui déclenchent la claustrophobie chez le cheval :

- Etre attaché
- Etre monté avec des rênes courtes
- Les jambes du cavalier

- Le licol et la longe
- Etre tenu court pour le vétérinaire
- En extérieur, les passages « étroits » comme les maisons, entre des haies, forêt
- Le chargement dans un van
- Etre dans un box
- Raccourcir les deux rênes quand le cheval à peur
- Demander à votre cheval de rester immobile au montoir
- Essayer de ralentir un cheval chaud en tirant sur les deux rênes
- Approcher des objets/choses quand ils sont tenus ou attachés, comme les tondeuses ou spray anti-mouches

A chaque fois qu'un cheval se sentira restreint dans sa liberté de mouvement, il se sentira claustrophobe et se battra peut-être pour se libérer. C'est un fait que presque tout le monde sait et connaît lorsqu'il faut charger le cheval dans un van. Les chevaux détestent les petits espaces pour plusieurs raisons, y compris le fait qu'ils ne peuvent pas trop regarder autour d'eux et qu'ils ne seront pas capables de fuir le danger s'ils en ont besoin. A ce moment, ils ne savent pas qu'il n'y a pas une réelle nécessité de fuir le danger dans notre monde humain. C'est simplement leur instinct de survie naturel. Même quelques siècles de plus de domestication n'effaceraient pas cet instinct. Plus le cheval est jeune, plus il est facile de déclencher ses réflexes de proie.

Chez les poulains, et en général chez les jeunes chevaux, cette claustrophobie se déclenche très rapidement. Dès qu'un poulain est tenu, il ressentira le besoin urgent de se battre pour se libérer. Logique, puisqu'un prédateur le tiendrait solidement pour l'unique raison de le manger. Mettre un licol pour la première fois peut être très effrayant si ce n'est pas fait progressivement, étape par étape.

Les poulains essayeront de protéger leur tête, leur nez et la zone derrière leurs oreilles. Ce sont les endroits qu'un prédateur choisirait pour une mort facile. N'importe quel mouvement rapide et contraignant dans cette zone, et le poulain paniquera et luttera. C'est la raison pour laquelle beaucoup de poulains et de jeunes chevaux sont difficiles à licoler et à mener. La pression derrière les oreilles et la sensation de ne pas être capable d'aller partout où ils veulent, les font paniquer, résister et lutter.

Une autre situation fréquente qui déclenche l'instinct des jeunes chevaux est de rencontrer d'étranges objets pendant une promenade. Le jeune est un peu tendu, arque l'encolure, et se penche loin de l'objet. Quelle est votre réaction dans la majorité des cas ? Raccourcir la longe pour avoir plus de contrôle dans le cas où le petit ferait des siennes. Cela multiplie la peur du jeune cheval encore plus, car maintenant il n'est pas seulement effrayé de l'objet, par-dessus s'ajoute sa claustrophobie. A chaque fois que nous raccourcissons la longe ou les rênes quand notre cheval à peur et que nous commençons à tirer sur celles-ci, nous aggravons sa peur. La plupart du temps, cela va de pair avec le fait que la personne appréhende un obstacle important et a peur, ensuite, de peut-être perdre le contrôle. Nos chevaux, bien sûr, le remarquent, et la tension d'un prédateur n'est jamais une bonne chose.

Les jeunes chevaux s'orientent surtout grâce au sentiment du plus expérimenté, du plus vieux cheval. A chaque fois que vous êtes avec votre jeune cheval, ce plus vieux c'est vous. Quand vous êtes tendu au même moment que lui, il n'aura plus de directives. Il sera plus effrayé car cela confirmera dans son esprit que quelque chose ne va vraiment pas. C'est l'effet boule de neige : un cheval qui s'emballe, le resserrement de la longe, un humain tendu, un cheval plus explosif. Un facteur déclencheur après l'autre multiplie la réaction de notre cheval. Comment pouvons-nous résoudre ce problème et le garder sous contrôle par souci de sécurité ?

Voici ce que je fais. A chaque fois que je vois mon cheval devenir tendu et regarder suspicieusement quelque chose, je vais d'abord me positionner entre l'objet et mon cheval. Je reste volontairement relaxée et je respire. J'empêche ma main de se resserrer autour de la longe. Eventuellement, je donne même un peu plus de mou si mon cheval à besoin de s'éloigner un peu plus. Je parle à mon cheval et je le caresse sur l'encolure pour lui faire savoir que je vois qu'il est inquiet. Comme cela, je reste calme, tout simplement comme une jument de tête plus âgée. En ne provoquant pas la claustrophobie de mon cheval et son instinct de fuite avec une longe tendue, il sera capable de faire face à sa peur naturellement.

## Les Chevaux établissent le leadership par le mouvement

J'ai eu une grande révélation quand je lisais le livre de Chris Irwin's, Horses Don't Lie[3] (Les chevaux ne mentent pas), et que je suis tombée sur ce fait concernant le mouvement et le leadership. La manière dont il l'expliquait m'a semblé si logique et clarifiait tant de problèmes quotidiens que nous rencontrons avec nos chevaux. Les chevaux établissent le leadership par le mouvement, à l'inverse des prédateurs qui choisissent qui est le chef en essayant de s'immobiliser les uns les autres. Avez-vous déjà vu des chiots jouer ? Ils roulent en essayant de plaquer l'autre au sol. Leur signe de soumission est de montrer le ventre et de ne plus bouger.

Même si vous êtes végétarien ou végan, votre nature essentielle est toujours celle d'un prédateur. Vous agissez toujours comme tel, surtout dans les situations de stress. Comme par exemple quand votre cheval est effrayé et s'emballe. Nous n'y pouvons rien, mais notre premier réflexe sera toujours d'essayer d'immobiliser notre cheval quand nous voulons prendre le contrôle. Et cela à d'énorme conséquences sur notre relation quotidienne avec nos chevaux.

Le mouvement est la nature même du cheval. Ils bougent pour trouver de la nourriture, pour établir la hiérarchie du troupeau, pour faire de l'exercice, pour fuir les menaces. Tout dans leur vie est une question de mouvement. C'est en se chassant l'un l'autre qu'ils choisissent qui est le dominant ou le leader. Je suis sûre que vous avez déjà vu cela, surtout quand vous présentez des chevaux qui ne se connaissent pas. Ils se reniflent d'abord pour se dire bonjour, puis ils couinent, et ils peuvent frapper avec leurs antérieurs, se tourner et botter, et celui qui s'éloigne le premier est poursuivi par l'autre. Qui fait bouger qui, qui a la meilleure place au foin, qui boit en premier, qui se met en travers de la route de qui – c'est comme cela les chevaux établissent le leadership. Cela implique toujours le mouvement.

Pensez à cela pendant un moment car ce point est un gros problème. Nous ne savons pas combien de fois nous essayons de contrôler notre cheval en le tenant plus court ou en le ralentissant. Mener un cheval avec une longe courte, en lui donnant rarement la liberté de regarder à droite et à gauche, est un exemple parfait. Tout cela déclenche le besoin du cheval de bouger. Comme conséquence, il tirera et essayera de s'échapper encore plus. Le problème se résout en utilisant une longe plus longue, en donnant au cheval un peu de place pour bouger et en marchant à vive allure. Je sais que cela semble être le contraire de ce que l'on devrait faire car c'est contre notre nature de prédateur qui établit le contrôle par l'immobilisation.

Mais qu'en est-il du cheval qui ne veut plus avancer et vous chasse quand vous insistez ? Et bien, ce cheval vérifie simplement si vous pouvez le pousser en avant. Il joue simplement au jeu de la nature et vérifie qui fait bouger qui. En gagnant du contrôle sur le mouvement en avant de votre cheval, vous établirez le leadership d'une façon que les chevaux peuvent comprendre. Vous ne gagnerez jamais de contrôle sur votre cheval en restreignant son mouvement en avant ; le contrôle ne peut être gagné qu'en le faisant aller en avant et en dirigeant ce mouvement.

> *« A chaque fois que nous pensons que nous n'avons plus le contrôle, notre instinct d'immobilisation prend le dessus. A chaque fois qu'un cheval sent que nous essayons de l'immobiliser, nous sommes perçus comme un prédateur et le cheval sent le besoin très urgent de bouger encore plus »*
>
> - GABI NEUROHR.

## Les Chevaux ont une grande sensibilité aux bruits, aux odeurs et aux mouvements brusques

En tant que proies, les chevaux dépendent de leurs sens pour détecter le danger. Souvent, je me demande que diable mon cheval a-t-il vu, senti ou entendu qui lui a fait peur car je suis sûre que je n'ai rien vu ni entendu sortant de l'ordinaire. Les chevaux peuvent entendre et sentir bien mieux que nous ne le pouvons.

Alors que notre vision se concentre sur l'observation de détails, les yeux des chevaux se concentrent sur la détection de mouvements. C'est essentiel pour leur survie dans la nature. Ils pourront reconnaître n'importe quel mouvement sortant de l'ordinaire, ce qui est l'une des raisons pour lesquelles beaucoup de chevaux sont plus tendus dans des conditions venteuses, quand tout remue. « Ne sois pas ridicule, il n'y a pas d'ours dans le buisson ! » nous pourrions dire, mais les humains sont capables de raisonner ; les chevaux n'en sont pas capables. Une fois l'instinct de survie éveillé, aucun raisonnement dans le monde ne peut aider, mais il est important de rappeler qu'il n'y a tout simplement jamais un moment où un cheval s'effraie sans raison.

Ma belle Mayana est souvent effrayée par des petits lézards qui courent de haut en bas du muret de pierres qui entoure notre carrière. Ou parfois elle peut entendre une souris sous les feuilles de la forêt et cela la fait sursauter. Oui, ridicule à nos yeux, mais il pourrait tout aussi bien s'agir d'un serpent qui pourrait mordre ses membres quand elle marcherait dessus. Elle préserve simplement sa vie (et la vôtre par association).

Nous ne pouvons pas éradiquer les instincts que la nature a donné à nos chevaux, donc cela n'aidera pas de se mettre en colère avec notre cheval dans des moments comme ceux-ci ; en réalité cela aggravera les choses. Un prédateur en colère sur le dos est une des pires expériences pour un cheval. Un petit peu de compréhension, céder un petit peu dans les rênes, et une douce caresse dans des moments comme ceux-là contribuent grandement à calmer le cheval.

Comme exercice d'empathie, imaginez juste quelqu'un vous effrayer pour le plaisir, surgir de derrière une porte quand vous ne vous y attendez absolument pas. Comment vous sentiriez-vous si vous étiez puni pour avoir réagi sous le choc ? C'est tellement mieux de rire de cette peur, de se rassurer qu'il n'y a pas de réel danger. C'est la même chose avec nos chevaux. Avec Mayana, j'ai pris l'habitude de dire : « hoppala » avec un grand sourire lorsqu'elle sursaute. Je la caresse, je relâche les rênes et mes jambes pendant un instant, et je lui laisse comprendre que je reconnais le fait qu'elle a vu quelque chose qui l'inquiète, et ensuite elle peut se relaxer car elle sait que j'en suis consciente aussi. Si dans ces moments je la pousse, je monterai un cheval très tendu pendant la prochaine heure.

## Les Chevaux traitent trois différentes images

Les chevaux voient le monde très différemment de nous. Il est bon de se souvenir qu'avec les yeux sur les côtés de leur tête, les chevaux peuvent voir pratiquement tout autour d'eux, mais ils ont des « zones aveugles », à savoir juste derrière eux, au-dessus d'eux, juste devant leur tête et sous leur tête et encolure.

En raison du positionnement de leurs yeux, ils ont trois images différentes à traiter : devant, gauche et droite. C'est seulement là où la vue des deux yeux se croisent, juste devant leur tête, que les chevaux peuvent voir en trois dimensions et se concentrer sur les détails. A gauche et à droite, sur les côtés, les chevaux peuvent seulement voir en deux dimensions. Cela signifie qu'il est difficile de percevoir la profondeur et de voir les détails. C'est la raison pour laquelle les chevaux essayeront de se mettre face au danger peu importe ce qui les effraie, par exemple quelque chose le long de la lice de la carrière. C'est aussi la raison pour laquelle ils vont contrer la flexion et regarder à l'extérieur vers l'origine du danger. Comme cela, ils seront capables de voir la menace potentielle en trois dimensions et en détail, et ils pourront mieux évaluer si c'est une menace sérieuse ou non.

Si vous allez vous promener avec un jeune, par exemple, et qu'il voit une souche d'arbre sur le côté du chemin, il est fort probable qu'il renifle, s'en écarte, se pousse vers vous et essaye d'y faire face. Si vous insistez à ce moment pour qu'il continue à marcher droit, vous pourriez l'énerver. Laissez-le se placer en face de la souche d'arbre afin qu'il puisse mieux évaluer la situation. Il découvrira par lui-même qu'il n'y a pas de réel danger. Mais vue seulement en deux dimensions, la souche d'arbre pourrait être un prédateur accroupi au sol, prêt à attaquer. Votre cheval n'est pas stupide de penser cela ; il agit selon son instinct donné par la nature. Les jeunes chevaux en particulier n'ont pas encore l'expérience pour comprendre que les souches d'arbres ne sont pas des loups affamés. Vous devez le laisser apprendre grâce à l'expérience.

En raison du positionnement de ses yeux, il est très important de réaliser que votre cheval voit le monde complètement différemment à gauche et à droite. Contrairement à nous, il ne peut pas faire la connexion nécessaire pour faire une seule image des deux, ce qui explique pourquoi votre cheval était effrayé par une veste suspendue sur la barrière de la carrière quand il est passé devant à main droite, alors qu'il est passé devant à main gauche sans souci. Pour eux, il y a deux mondes différents : un à gauche, un à droite. C'est pourquoi je fais toujours un tour à gauche et un tour à droite au début de chaque séance pour montrer à mon cheval les alentours avec ses deux yeux.

## Les Chevaux voient les couleurs différemment

Les chevaux voient-ils les couleurs ? Oui, ils les voient, mais différemment de nous. Les humains ont trois types de cellules réceptrices de couleur, tandis que les chevaux n'en ont que deux. La scientifique Tania Blackmore de l'Université de Waikato[4] a étudié ceci. Sa conclusion après des tests minutieux sur quatre chevaux a été :

- Les chevaux peuvent voir une différence entre le bleu et le gris, entre le jaune et le gris, et entre le vert et le gris
- Jaune et vert se ressemblent pour les chevaux
- Il est difficile pour les chevaux de voir la différence entre le rouge et le gris

Dans mon expérience quotidienne, il ne semble pas être si important que les chevaux voient les couleurs ou non. Mais ils repèrent sans aucun doute la couleur orange d'une carotte cachée dans ma poche ! Et il semble que les couleurs bleues et jaunes soient les plus visibles pour eux. A chaque fois que j'utilise des barres ou des cubes qui sont bleus ou jaunes, ils les examineront davantage. Il semble aussi que quand je travaille avec un cheval qui a quelques problèmes de coordination, si je mets des cavaletti bleus, il regardera mieux là où il met ses pieds. Et en compétition de saut d'obstacles la plupart des refus sont sur des obstacles bleus.

## Le Cheval est un animal qui vit en troupeau et qui est extrêmement sociable

Nous entendons tous cette notion dès que nous nous mettons à l'équitation. Mais quelle conséquence a-t-elle dans notre vie quotidienne ?

Les chevaux dépendent d'un troupeau pour leur sécurité. Chaque membre du troupeau est à l'affût du danger, et ils s'alerteront mutuellement s'il faut fuir. Le nombre est synonyme de sécurité. Etre seul, c'est courir un plus grand danger parce qu'il est simplement impossible de manger, boire et dormir tout en surveillant ses arrières. Seul, les chances de ne pas voir le prédateur sont élevées.

C'est peut-être l'instinct le plus fort de nos chevaux. Les chevaux ont besoin de compagnie pour se sentir en paix, en sécurité, et heureux. Cela signifie qu'à chaque fois que vous emmenez votre cheval hors du troupeau, que vous quittez les écuries ou que vous allez quelque part avec lui seul, votre cheval se sentira automatiquement stressé. Etre seul signifie être exposé. Si votre cheval ne veut pas venir avec vous ou qu'il continue d'appeler ses amis tout le temps, ne le prenez pas personnellement. Ce n'est que son instinct ; il n'a simplement pas encore appris que quand il est avec vous, il peut se sentir en sécurité. Avec les jeunes chevaux, c'est un point essentiel sur lequel il faut se concentrer, afin qu'ils puissent apprendre à être seuls avec vous en toute confiance. Quand vous êtes avec votre cheval, vous formez un mini-troupeau. Idéalement, vous serez le responsable de la sécurité, le point d'ancrage et celui ou celle qu'il faut suivre, tout comme la vieille jument de tête.

Certains chevaux sont de vrais explorateurs et adorent sortir et quitter le troupeau, mais d'autres dépendent énormément de la compagnie pour se sentir en sécurité. Si vous avez le second type de cheval, vous devez le conditionner à être séparé du troupeau et à être seul avec vous avec prudence et attention. Devenez ami avec votre cheval de sorte qu'il commence à vous voir comme faisant partie du troupeau. A chaque fois que vous l'emmener un peu plus loin du troupeau, restez à l'écart plus longtemps. Assurez-vous que le temps que vous passez est intéressant mais pas angoissant, avec beaucoup de récompenses et un leadership juste. De nombreuses et courtes sorties réussies donneront à votre cheval la confiance nécessaire pour être juste avec vous, loin de son troupeau.

Etre laissé seul est généralement pire que de quitter les autres chevaux. Nous avions un cheval qui essayait de sauter par-dessus la porte de son box à chaque fois qu'un autre cheval quittait les écuries, même s'il y avait toujours un cheval dans le box à côté de lui. Il commençait à hennir, à tourner en rond, et à se cabrer. Sa peur d'être laissé seul était impressionnante. Cela a pris beaucoup de temps et d'exposition à cette peur pour l'aider à la surmonter. Tout raisonnement logique comme « ne t'inquiète pas ton ami va revenir » n'a pas aidé, mais l'exposer souvent aux chevaux qui allaient et venaient l'a finalement aidé à rester calme car il a compris que rien ne lui arrivait quand un autre cheval partait.

## Les Chevaux aiment les routines et les habitudes

Les routines aident les chevaux à se sentir en sécurité. Les routines rendent la vie prévisible, et si vous pouvez prédire ce qu'il va arriver, vous vous sentirez en sécurité.

Les chevaux sauvages ont des habitudes solides. Leurs journées ont une structure stable avec des périodes pour manger, des périodes pour se reposer, des périodes de plus forte activité, et des périodes pour aller chercher de l'eau. Le changement de routine signifie toujours que quelque chose d'étrange arrive, et cela pourrait être une menace pour la vie.

Bien sûr, vous connaissez ces chevaux qui, chaque matin et exactement au même moment, réclament leur nourriture. C'est juste un exemple qui montre à quel point les chevaux sont routiniers. Tout ce qui sort de l'ordinaire, qui sort de la routine, sera perçu comme une menace potentielle. Le cheval réagira avec tension, nervosité et stress. Nos chevaux peuvent même sentir quand notre état émotionnel sort de l'ordinaire !

J'ai toujours monté ma jument Salimah le matin. Elle était plutôt verte à l'époque, elle n'avait pas encore beaucoup d'expérience. J'avais une routine solide : la chercher au pré le matin à 9h00, la brosser, la harnacher, faire un peu de travail au sol, et ensuite la monter dans la carrière. Un jour, je ne pouvais la sortir qu'en fin d'après-midi. Déjà quand je suis venue pour la récupérer, elle s'est éloignée. Et quand je l'ai montée, elle était nerveuse et effrayée et elle ne voulait rien faire d'autre qu'avancer. Le changement de routine et le fait que la lumière de la carrière soit complètement différente (le soleil avait un angle différent) la rendaient plus difficile à gérer. Connaître sa sensibilité au changement des habitudes m'a aidée à me préparer à des événements comme celui-ci, et j'ai pu mettre en place les séances différemment pour l'aider à gérer le changement.

Certains chevaux ne s'en soucient tout simplement pas, mais certains chevaux réagissent très fortement aux changements dans leur routine. Ce qui peut aider les chevaux à réagir moins sensiblement aux changements est de mettre en place plusieurs routines différentes : une pour aller faire une promenade, une pour le travail en carrière, une pour le travail sur le parcours cross, une pour transporter votre cheval quelque part et le travailler là, une pour le matin et une pour l'après-midi. Chaque routine prend quatre ou sept séances à s'installer. Après cette installation, vous pourrez varier entre les routines sans que votre cheval soit stressé.

Nous devons entretenir la capacité de réflexion de notre cheval avec attention pour l'aider à rester disponible afin qu'il puisse penser par lui-même dans les moments effrayants. Les chevaux ont la formidable capacité de s'adapter à presque tout.

---

## Exercice :
## Comment puis-je aider mon cheval à se sentir en sécurité ?

Tant de choses dans notre monde humain peuvent être perçues comme des menaces par notre cheval. Tout a le potentiel de perturber notre cheval et de conduire au drame. Cela signifie-t-il que nous devons juste laisser nos chevaux au pré ? Comment faire face à cette situation ?

Ce n'est pas très difficile d'aider un cheval à faire face au monde des humains et à surmonter ses instincts de proie. Tout commence par prendre conscience de ce qui pourrait déclencher un comportement indésirable. Très souvent, rien qu'en sachant cela, vous agissez déjà différemment et moins comme un prédateur.

Pensez à certaines situations de tous les jours. Ecrivez-les dans votre journal. Comment pouvez-vous agir différemment pour prévenir les comportements indésirables ? Comment pouvez-vous aider votre cheval à être plus détendu face à celles-ci ?

# L'Apprentissage des chevaux

Conditionnement classique, conditionnement opérant, sensibilisation, désensibilisation, renforcement positif et négatif, punition positive ou négative, analyser et enregistrer, manipulation ou modelage, mimétisme ou imitation, récompenser par la nourriture ou non …

Les propriétaires de chevaux sont bombardés de termes techniques lorsqu'il est question de l'apprentissage des chevaux. Cela peut donner la sensation d'être submergé. L'apprentissage du cheval est un sujet immense, qui est compliqué par le nombre de termes scientifiques, d'études et d'opinions conflictuelles des professionnels. Je pourrais vous expliquer tous ces termes scientifiques, mais je crois que vous finiriez avec des crampes au cerveau et en sortiriez encore plus incertain quant à la façon d'apprendre quoi que ce soit à votre cheval. On a tendance à vite être entraîné dans des réflexions excessives sur ce genre de choses au point d'en oublier la vie pratique et quotidienne avec nos chevaux.

Puisque je destine ce livre à un usage pratique, je vais vous faire savoir, avec des termes simples, ce qui a marché pour moi et tous les chevaux que j'ai eus à former jusqu'ici. Des notes complémentaires mentionneront les termes scientifiques clés. Si vous voulez en apprendre plus à propos de la théorie scientifique de l'apprentissage des chevaux, je recommande le livre *Animal Training 101*[5] de Jenifer A. Zelig.

Voici les 13 principes de base qui, selon moi, sont les plus importants dans l'apprentissage quotidien du cheval, inspiré par les *10 Learning Theory-Based Horse Training Principles*[6] d'Andrew McLean.

## 1. Tout d'abord, respectez la nature de votre cheval et ses besoins

Comme dit dans le chapitre précédent, nous devons apprendre à comprendre la proie qu'est le cheval en profondeur ainsi que ses besoins d'espace et de compagnie, tout comme ses réactions de fuite, son organisation sociale et son besoin de fourrage. Cela nous donnera l'empathie nécessaire à nos chevaux. Nous pourrons comprendre ce qui déclenche leur comportement de proie et ce qui leur permet de se sentir en sûreté, et d'instaurer cette connaissance dans nos interactions et entraînements quotidiens avec notre cheval. Si un cheval n'a pas de contact social avec d'autres chevaux, qu'il est enfermé dans un box ou dans un petit enclos et ne reçoit que trois repas par jour, il va certainement développer une forme de stéréotypie et ne sera pas capable de pleinement se concentrer sur son apprentissage et son travail.

Nous devons nous assurer de traiter notre cheval comme un cheval et non pas comme un chien ou un humain. C'est naturel pour nous de projeter des pensées et des façons de penser humaines sur nos chevaux. Les chevaux excellent dans la mémorisation et la reconnaissance des différents signaux et aides, surtout ceux qui les maintiennent en sécurité. Mais les chevaux, contrairement aux humains, n'ont pas la capacité de penser logiquement, de faire des associations rationnelles, de faire des plans, de tirer des conclusions. Cependant, nous devons faire attention à ne pas surestimer l'intelligence équine et dire des choses comme, "il sait ce qu'il a fait de mal", surtout lorsqu'il s'agit de justifier une punition. Dans le même temps, nous devons reconnaître le fait que les chevaux ont des émotions – ils peuvent être fiers, apeurés, joyeux, tristes, déprimés, joueurs ou contents. Les chevaux vivent dans l'instant présent, et ils réagissent seulement à ce qui arrive sur le moment. C'est pourquoi le timing des récompenses et des sanctions est très important.

## 2. Développez la confiance de votre cheval

Avant d'apprendre quoi que ce soit à votre cheval, développez la confiance de votre cheval. C'est particulièrement important lorsque votre cheval est nouveau quelque part, pas très familier avec les gens, ou inexpérimenté. Donnez du temps à votre cheval pour qu'il s'habitue aux nouvelles routines, au nouvel endroit, aux nouveaux sons et aux nouvelles personnes. Puis renforcez la confiance de votre cheval avec les outils que vous allez utiliser.

Assurez-vous que votre cheval n'a pas peur du stick ou de la cordelette que vous allez utiliser durant l'entraînement. Aussi, assurez-vous que votre cheval a confiance en l'environnement où vous allez vous entraîner. Lorsque le cheval a une raison d'être effrayé, il ne peut pas apprendre. Un cheval tendu ne sera pas ouvert à l'écoute et à l'apprentissage.

Comment pouvez-vous montrer à votre cheval qu'il n'a pas à avoir peur du stick/sac en plastique/spray anti-mouches/tondeuse ? Apprendre à votre cheval à réagir calmement dans des situations effrayantes est important à la fois pour votre sécurité et à la fois pour celle de votre cheval. Je n'aime pas du tout le mot "désensibiliser". A la place, je préfère parler d'augmenter la confiance de mon cheval et de lui apprendre comment gérer les situations effrayantes. J'aime garder la sensibilité de mon cheval ; je ne veux pas que mon cheval devienne terne. Je préfèrerais de loin que mon cheval devienne très bon dans la lecture de mon langage corporel et qu'il soit capable de lire quand quelque chose va bien et ensuite qu'il se fie à mon opinion.

Garder les points suivants à l'esprit lorsque vous apprenez à votre cheval à être plus courageux.

### A. L'Approche et le retrait

L'approche fournit un stimulus dont vous voulez que votre cheval s'accommode. Le retrait crée de la curiosité et de la confiance.

L'approche n'implique pas seulement de s'approcher sur le plan physique, mais aussi

- D'augmenter l'intensité ;
- D'augmenter la fréquence ;
- D'approcher de plus près une partie du corps du cheval dont il est plus protecteur.

Le retrait ne signifie pas seulement abandonner l'idée de faire quelque chose, mais aussi

- Diminuer l'intensité ;
- Diminuer la fréquence ;
- Faire rebondir la balle plus bas/utiliser le spray plus lentement/agiter le drapeau plus lentement ;
- S'éloigner du cheval ;
- Faire moins de bruit ;
- S'éloigner de la partie du corps du cheval dont il est plus protecteur.

Vous devez alterner successivement entre l'approche et le retrait pour développer la confiance de votre cheval. Retirez-vous lorsque votre cheval montre des signes d'inquiétude et rapprochez-vous quand votre cheval montre des signes de confiance grandissante.

## B. Relaxation

La relaxation est primordiale. Faites tout en étant relaxé. Arrêtez-vous seulement lorsque votre cheval montre des signes de relaxation. Pouvez-vous identifier ces signes ? Un cheval qui ne bouge pas n'est pas nécessairement relaxé ; il peut être tendu et figé. Les signes de relaxation sont :

- Regard vers le stimulus
- Clignements des yeux
- Relâchement de l'encolure
- Soupirs
- Décontraction de la mâchoire (mâchouillement)

Observez les yeux de votre cheval. Où regarde-t-il ? Continue-t-il à cligner des yeux ? Un cheval qui ne cligne pas des yeux est effrayé et tendu. Récompensez votre cheval lorsqu'il regarde le stimulus pour qu'il apprenne à se confronter aux choses effrayantes. Le tout dernier signe est généralement que le cheval mâchouille. Si vous arrivez à ce stade, votre cheval a probablement décidé que quoi que vous ayez fait avant, c'est correct.

## C. Rythme

Soyez rythmés dans tous vos mouvements. Les chevaux sont des animaux rythmiques. Comme nous, humains, sommes des prédateurs par nature, nous avons tendance à nous faufiler et à attaquer. Soyez régulier dans vos séquences et répétitions ; cela aidera le cheval à anticiper ce qui va arriver afin qu'il puisse se relaxer plus tôt. Essayez de ne pas l'effrayer en vous faufilant de plus en plus près de lui avec un objet qui lui fait peur, tout en prenant une voix apaisante. Utilisez un rythme décontracté, nonchalant dans tout ce que vous faites.

## D. Relâchez au bon moment

N'abandonnez pas lorsque votre cheval bouge ou réagit avec crainte. Diminuez simplement un peu l'intensité (retrait) et éloignez-vous du cheval. Relâchez et partez seulement lorsque votre cheval vous donne un des cinq signes de relaxation mentionnés plus haut. Autrement, vous enseignerez à votre cheval que son instinct de fuite est la solution. Le but de ces exercices de confiance est d'enseigner à votre cheval que la relaxation et la confiance sont la solution.

## 3. Utilisez l'apprentissage naturel pour faciliter le processus.

Les chevaux sont des super-élèves de naissance. Un poulain ne sait rien à propos de comment vivre dans le monde quand il naît. Il ne sait pas où trouver du lait, mais il apprend vite tout ce qu'il a besoin de savoir. Comment un poulain peut-il apprendre si rapidement ? Pouvons-nous puiser dans ceci et nous en servir pour atteindre nos objectifs ?

## *Le Pouvoir de la curiosité*

Être curieux est tout à fait normal pour tous les jeunes animaux et aussi pour les humains. Sans curiosité, il n'y a pas d'apprentissage, pas d'intérêt, pas de participation ; il n'y a que de l'ennui et de la peur.

Le grand cavalier Tom Dorrance conseille : « ne retirez jamais sa curiosité à un jeune cheval ». Il a raison. C'est une des règles les plus importantes de la vie quotidienne avec les poulains et les jeunes chevaux. Leur curiosité naturelle les amène à explorer et à étudier les choses. Je comprends que cela peut devenir ennuyeux lorsqu'ils commencent à vider la boîte de pansage ou qu'ils mettent un coup dans la brouette où se trouve le crottin fraîchement collecté. On a tendance à les faire arrêter trop vite dans des moments comme ceux-là. A la place, nous devrions nourrir et guider cette curiosité, s'en servir à notre avantage afin qu'elle ne soit plus un problème.

La curiosité se développe après la peur et la fuite et elle ouvre la porte de la confiance. La réaction en chaîne naturelle d'un cheval est : il est effrayé à cause de quelque chose, puis il se retourne pour regarder, et ensuite il devient curieux. Il va aller voir et examiner et finir par avoir confiance parce qu'il réalise que l'objet n'est finalement pas dangereux. La beauté de cette réponse est que nous n'avons

> **« La confiance vient après la curiosité. Laissez votre cheval être curieux avec ce qui lui faisait peur »**
> – Gabi Neurohr

rien à faire pour encourager ce processus, à part fournir le stimulus/objet (à condition que le cheval n'ait pas déjà eu de mauvaise expérience avec l'objet ou le stimulus – ce serait alors une toute autre histoire)

Par exemple, vous pouvez apporter une grande bâche en plastique ou un autre objet étrange dans le pré de votre jeune cheval et le laisser gérer la situation. Vous pouvez l'amener avec vous lorsque vous allez dans la carrière pour monter un autre cheval. Plantez toutes sortes de choses tout autour de la carrière et laisser-le explorer à sa guise.

Souvent, les poulains et les jeunes chevaux monteront d'eux-mêmes dans le van par curiosité si on leur laisse suffisamment de temps. Et généralement, nous sommes ceux qui en faisons tout un drame en nous attendant à une réaction dramatique de la part de notre cheval, essayant de le calmer tout en le poussant en même temps à accomplir la tâche plus rapidement.

Placer un objet de manière sécurisée et ensuite laisser leur curiosité naturelle agir à notre place permet aux jeunes chevaux d'apprendre d'une manière très simple et naturelle. Plus ils voient et explorent des choses tôt et moins ils seront effrayés plus tard. Ils seront plus aptes à se gérer dans des situations ou avec des objets inconnus.

Alors, permettez à votre petit/e d'être curieux/se et d'explorer le monde, et montrez-lui beaucoup de choses. Ils apprendront que quoi qu'on leur montre, tout va bien.

## *Apprentissage par observation*

Votre jeune cheval peut apprendre des tonnes de choses simplement en observant et en imitant sa mère et, plus tard, d'autres membres du troupeau. Ce que les propriétaires de chevaux savent déjà a été scientifiquement prouvé par Janne Winther Christensen[7], doctorante : lorsque vous montrez des objets effrayants à la mère et autorisez le poulain à observer, le poulain sera moins stressé ou apeuré par ces objets à l'avenir.

L'étude montrait que les poulains ne s'habituaient pas seulement à ces objets avec lesquels ils avaient vu leur mère, leur confiance en général et leur acceptation des objets effrayants étaient également plus élevées que chez les autres poulains du même âge. Bien sûr, cela fonctionne seulement si la mère n'est pas effrayée par les objets.

Cela veut dire que si vous prenez un cheval plus âgé et laisser votre jeune cheval observer comment le cheval monte dans le van ou joue avec de l'eau, il apprendra que ces choses ne sont pas effrayantes ou dangereuses. Bientôt, il essaiera d'imiter ce que les plus âgés font.

## *Apprentissage par imitation*

C'est ainsi que les poulains apprennent dès le départ : en imitant leur mère puis les autres membres du troupeau. C'est un comportement inné ; c'est naturel pour eux d'essayer de faire comme les autres font. Le poulain fera ce que sa mère fait – ce qui implique que plus la mère du poulain est bien éduquée et sociable, plus il sera simple de gérer le poulain. Si la mère est détendue et coopérative avec le maréchal-ferrant, avec le vétérinaire, avec la douche ou avec le van, le poulain reproduira cela plus tard et aura la même attitude.

Nous pourrions nous servir de cela tellement plus avec nos jeunes chevaux. Presque tout le monde possède un hongre plus âgé ou une jument qui a déjà tout fait, tout vu. Nous pouvons rendre l'apprentissage, et particulièrement les nouvelles situations, bien plus simples et plus détendues pour nos jeunes si nous prenons un gentil cheval plus âgé avec nous.

Par exemple, le premier voyage peut être préparé de manière à être un succès si vous emmenez, avec votre jeune, un cheval calme et expérimenté. Votre jeune cheval prendra exemple sur le comportement et l'énergie de son compagnon de voyage et apprendra que ce n'est pas grand-chose. C'est aussi valable pour la première sortie en extérieur, ou lorsque vous lui montrerez des choses qui lui font peur, ou même pour les premiers sauts.

Vous devez sagement choisir un mentor pour votre cheval. Il faudrait que ce soit un cheval tranquille, pas seulement un cheval que vous pouvez contrôler. Les chevaux ne font pas qu'imiter le comportement physique mais ils reproduisent aussi l'état émotionnel des chevaux plus âgés et plus expérimentés et manifesteront les mêmes émotions.

L'apprentissage par imitation fonctionnera dans une certaine limite entre l'humain et le cheval. D'après mon expérience, la relation doit être à un stade bien avancé. Le cheval doit avoir un certain niveau de confiance avec les gens. J'utilise surtout cette technique pour encourager un cheval à se confronter à des choses dont il pourrait être effrayé au premier abord. Comme entrer dans un box inconnu, entrer dans un van, explorer un objet qui lui fait peur, sauter par-dessus un fossé, ou franchir des obstacles naturels.

## 4. Savoir quand et comment appliquer les techniques d'apprentissage

Il y a deux catégories principales de techniques d'apprentissage : la désensibilisation et la sensibilisation. En clair, cela signifie soit :

- Vous voulez diminuer la réaction de votre cheval face à quelque chose (spray anti-mouche, tondeuses, sac plastique), OU
- Vous voulez augmenter la réaction de votre cheval par rapport à quelque chose (les aides comme les jambes, les mains, etc…)

La différence principale entre ces deux techniques est le moment où on relâche, et celui où on récompense. La seconde différence est la façon dont vous appliquez la « pression » ou le « stimulus ».

Voyons un exemple pour illustrer de manière claire et pratique : la mouche et le spray anti-mouche.

Vous aimeriez que votre cheval réponde légèrement au mouvement de vos jambes – aussi légèrement que le frôlement d'une mouche. Mais vous détestez lorsque votre cheval réagit avec cette même sensibilité au spray anti-mouche.

- Pour sensibiliser votre cheval, vous devez appliquer une pression graduellement en plusieurs phases. Démarrez aussi légèrement qu'une mouche, montez progressivement et relâchez immédiate-

ment lorsque vous avez une réponse. Le relâchement/la récompense est au moment exact où votre cheval bouge dans la direction voulue.
- Pour désensibiliser votre cheval au spray anti-mouche, vous devez continuer à pulvériser de manière douce mais constante et rythmée jusqu'à ce que votre cheval arrête de bouger. Le relâchement/la récompense est au moment où votre cheval arrête de bouger et se détend.

Très souvent, je vois des gens se servir de ces deux techniques clés de la façon inverse et être confus et impuissants lorsque leur cheval continue à paniquer à cause du spray et ne répond pas avec légèreté aux jambes.

Prenez conscience de quelle technique d'apprentissage vous appliquez et de la façon dont vous le faites.

## 5. Signaux positifs et négatifs

Vous voulez communiquer clairement à votre cheval s'il/elle est sur le bon chemin ou l'avertir avant de le/la corriger plus fermement si un comportement que vous ne voulez pas se manifeste.

Pendant longtemps, j'ai entraîné sans signaux vocaux. Les chevaux ne sont pas verbaux, alors ce n'est pas naturel pour eux qu'on leur parle. Je suis toujours d'accord avec cela. Notre langage corporel, notre intention et notre énergie sont toujours plus importants que les signaux vocaux que nous utilisons, et les chevaux ne sont certainement pas aussi simples à entraîner via des signaux oraux que des chiens par exemple.

Toutefois, essayez d'utiliser votre voix sans aucune émotion et votre cheval ne répondra probablement pas. Comme nous, humains, sommes si verbaux, il est tout à fait naturel d'exprimer nos émotions avec notre ton. Cela signifie que votre ton de voix, lorsque vous utilisez ces deux signaux, est plus important que les mots que vous employez. C'est également plus important que de toujours utiliser le même mot. C'est mieux d'utiliser le même mot, mais l'intonation et l'émotion que l'on met dedans semblent être plus importantes pour les chevaux, d'après mon expérience.

Je n'utilise pas beaucoup de signaux vocaux, mais je suis une grande fan de deux signaux en particuliers : mon « mot jackpot » (signal positif) et mon « ne fais pas ça » (signal négatif).

## Le Signal positif

Avec ce signal vocal, je peux faire comprendre les choses suivantes à mon cheval :

- L'encouragement (il est sur la bonne voie vers la bonne solution)
- L'approbation (il a fait quelque chose parfaitement bien)
- L'enthousiasme (à quel point je suis heureux/fier de lui)

Pour le signal positif, ou mon « mot jackpot » comme j'aime l'appeler, j'utilise « good girl/boy ! » Utilisez ce qui vous vient naturellement lorsque vous voulez exprimer que vous êtes sincèrement heureux de votre cheval. C'est peut-être un « parfait ! » ou « oui ! ». Mettez tout votre cœur dans ce que vous dites ; faites savoir à votre cheval que vous êtes heureux et fier de ce qu'il fait. Exprimez votre enthousiasme, comme si vous aviez gagné le jackpot.

Lorsque vous enseignez à votre cheval ce signal, il faut, au début, le combiner avec une récompense, comme : des caresses, du repos ou des friandises. Au fil des séances, vous verrez que votre cheval dresse les oreilles lorsque vous dites votre « mot jackpot ».

Lorsque vous utilisez cela régulièrement, rien que cela peut avoir un effet très motivant pour votre cheval. Une récompense, comme une carotte ou des caresses ou une pause, sera toujours en retard de quelques secondes. En utilisant ce signal, je peux communiquer avec mon cheval avec un bien meilleur timing ce qui mène à des résultats meilleurs et plus rapides.

Mes chevaux aiment savoir et sentir que je suis contente et fière d'eux et de leurs efforts. Le terme psychologique pour ceci serait renforcement positif. Le son d'un clicker à le même effet, avec le désavantage qu'il me faut une main pour tenir le clicker.

## Le Signal négatif

Ce signal vocal va m'aider à faire les choses suivantes :

- Arrêter un comportement que je ne veux pas.
- Lui donner une chance de changer d'avis avant de corriger son mauvais comportement.
- Lui donner un avertissement avant de le corriger plus fermement.
- Réduire l'anxiété et la peur causées par des corrections soudaines pour corriger des comportements que je ne veux pas.

Pour le signal « ne fais pas ça », j'aime utiliser un « hey » ou « non » net. Utilisez le mot qui vous vient naturellement. Mettez de la conviction dans votre voix. N'y pensez pas trop, puisqu'il vous faudra ce signal surtout lorsque vous n'aurez pas le temps de réfléchir.

Parfois, nous devons corriger et être fermes avec nos chevaux – même avec les jeunes. Si vous en arrivez à une situation comme celle-là, rendez service à votre cheval et donnez-lui un avertissement verbal, c'est-à-dire le signal « ne fait pas ça » avec une ou deux secondes d'avance. Cela donnera à votre cheval une chance de changer d'avis et de ne pas faire ce qu'il/elle allait faire et il n'y aura pas besoin d'être trop ferme.

Lorsque ma jument, Mazirah, a eu son poulain, Maserati, j'ai eu la chance d'observer comment elle s'occupait d'un comportement indiscipliné ou d'une mauvaise conduite. Avant de donner une morsure correctrice, elle l'avertissait toujours avec un cri. Et quand il écoutait, elle ne le mordait pas.

Le timing est essentiel ici : vous devez donner l'avertissement dès l'instant où vous voyez que votre cheval est sur le point de dépasser les limites –

pas après que ce soit arrivé. Si votre cheval dépasse les limites après l'avertissement, vous devez être ferme de sorte que votre cheval comprenne le message. Je m'accorde avec l'intensité que le cheval y met : plus l'acte est gros, plus fermes sont les conséquences. Votre réponse devrait être proportionnelle et non émotionnelle.

## 6. Apprenez à votre cheval à céder à la pression

Par nature, les chevaux sont programmés pour aller contre la pression, ne pas à y céder. Bien sûr, ce soi-disant réflexe d'opposition n'est pas très pratique dans la vie de tous les jours. Ce réflexe est ce qui fait que tant de chevaux luttent contre le mors, sont contre la jambe, refusent d'avancer, ne s'arrêtent pas, etc... Lorsque les chevaux répondent ainsi, cela n'a rien à voir avec le fait qu'ils sont méchants ou irrespectueux. C'est tout simplement un programme naturel, qui fait surface surtout lorsque le cheval est apeuré, stressé ou que son instinct de proie est déclenché.

Vous devez « reprogrammer » votre cheval. Vous devez lui apprendre à adopter un réflexe différent – le réflexe positif de céder sous la pression. J'aime parler de deux types de pression :

> *« Il vous faut être capable de mobiliser chaque partie du corps de votre cheval séparément, faites-le reculer et avancer avec légèreté. Ce sera votre ABC, votre alphabet, que vous pourrez utiliser pour former des mots, puis des phrases au fil des progrès de votre entraînement. Chaque manœuvre sophistiquée est une combinaison de ces cessions de base »*
>
> - Berni Zambail

- La pression stable lorsque vous touchez votre cheval. Les aides des jambes, des mains sont des pressions stables.
- La pression rythmique lorsque vous ne touchez pas votre cheval. L'utilisation de la cordelette/du stick lorsque vous travaillez à la longe ou montez à cheval est une pression rythmique, ou lors de jeux en liberté.

Céder à la pression a souvent un goût légèrement amer pour beaucoup de cavaliers. Dans l'esprit de beaucoup de gens, cela implique la force, la domination, apprendre le respect au cheval, être dur avec son cheval. Céder à la pression n'a rien à voir avec la force ou la peur. Tout est une question d'apprendre un nouveau programme à votre cheval.

Le problème n'est jamais lié à l'exercice. Il s'agit toujours de la capacité du cheval à être dans une conversation et de sa compréhension à céder à la pression. Lorsque vous enseignez à votre cheval à céder à la pression, vous devez appliquer la pression graduellement. Commencez avec un contact aussi léger que celui auquel vous voudriez que votre cheval réponde un jour (l'aide de vos rêves) et augmentez doucement mais sûrement et fermement jusqu'à ce que votre cheval réponde. Si vous appliquez la pression trop fortement ou trop rapidement, vous provoquerez le réflexe d'opposition et votre cheval ne sera pas capable de répondre de manière réfléchie.

## C'est le relâchement qui permet d'apprendre

Le bon timing pour le relâchement est primordial pour avoir des résultats corrects et rapides. Relâchez aussitôt que votre cheval répond comme vous le voulez et recommencez jusqu'à ce que vous ayez une réponse légère de votre cheval. Le timing fait tout car votre cheval va lier ce qu'il a fait juste avant le relâchement à ce que vous attendiez qu'il donne comme réponse au signal. Si vous relâchez lorsqu'il est lourd, votre cheval n'apprendra pas à être léger. Ou, votre cheval a fait deux ou trois bons pas, mais votre relâchement était en retard et juste au moment où il a fait un pas qui n'était pas aussi bien. Votre cheval n'apprendra pas aussi vite qu'il le pourrait si votre relâchement n'est pas fait avec un timing parfait.

En termes scientifiques, cette technique est appelée « renforcement négatif ». Cependant, il n'y a rien de négatif là-dedans. Négatif veut seulement dire que vous « retirez quelque chose » quand vous obtenez la réponse voulue, par exemple, la sensation/pression que vous avez appliquée avec votre main, jambe, rêne ou stick.

## 7. Récompensez votre cheval

Comment faites-vous savoir à votre cheval qu'il a fait quelque chose de bien ? Simplement en relâchant l'aide/la pression ? C'est une façon de s'entraîner, et vous pouvez obtenir quelques résultats c'est certain. Mais si vous voulez ajouter une étincelle et rendre votre cheval enthousiaste, vous devez le motiver en lui donnant une récompense qu'il apprécie.

Nous voulons tous un cheval qui travaille avec nous, qui veut faire des choses avec nous, et qui nous donne la sensation qu'il apprécie être avec nous. C'est ici que la récompense intervient.

Nos cerveaux fonctionnent de façon similaire : notre chef nous dit ce qu'est notre travail, ce qu'il veut que nous fassions, et à la fin, nous voulons une sorte de gratification – un « merci », « bien joué » et, bien sûr, notre chèque de salaire. Nous pouvons faire sans pendant un certain temps, mais si nous avons le sentiment que personne n'apprécie notre travail, nous avons tendance à devenir aigri et à en avoir marre assez vite.

Les chevaux aussi travaillent mieux et avec plus d'enthousiasme si vous les récompensez. Chaque cheval est motivé par quelque chose de différent. Certains chevaux aiment les friandises, d'autres aiment les caresses, d'autres aiment avoir un peu de repos, d'autres aiment pouvoir jouer à leur jeu favori avec vous, d'autres veulent simplement se sentir en sécurité. Vous devez connaître votre cheval et trouver ce qui le motive.

### Quelle récompense convient à votre cheval ?

Les chevaux extravertis et plus sûrs d'eux sont généralement motivés par le jeu. Si vous commencez à leur donner fréquemment de la nourriture comme récompense, ils deviennent de véritables petits gloutons qui réclament sans cesse si vous ne faites pas très attention ! Mais ils adorent jouer. Cela veut dire qu'après avoir réussi un exercice difficile, qui a demandé beaucoup de concentration, vous laissez votre cheval galoper rênes longues.

Les chevaux introvertis, moins confiants sont généralement motivés par le fait de se sentir en sûreté et en confiance dans ce qu'ils font. Parler tranquillement et leur caresser l'encolure en vous tenant à leur côté est généralement une bonne récompense pour eux. Certains réagissent bien aux friandises, et en général ces chevaux ne sont jamais désagréables avec les récompenses alimentaires – ils sont trop polis.

Ce ne sont que deux exemples pour illustrer comment les chevaux répondent différemment aux récompenses. Vous pouvez en lire plus sur les différentes personnalités dans le chapitre suivant.

## 8. Soyez cohérent et clair

Vos aides et signaux devraient être simples à distinguer pour votre cheval : A veut dire A et B devrait toujours vouloir dire B. Dans le cas contraire, cela peut être extrêmement perturbant pour lui. Cela signifie que devez être conscient de comment vous demandez les choses à votre cheval. C'est crucial pour la confiance que votre cheval place en vous en tant que leader. Si vous n'êtes pas cohérent et clair dans votre façon de communiquer, votre cheval aura non seulement des difficultés à vous comprendre mais aussi à vous faire pleinement confiance.

### Signaux

Soyez clair sur le signal/l'aide que vous allez utiliser et sur la réponse que vous attendez de la part de votre cheval. Faites une liste si c'est très difficile pour vous. Les signaux doivent être simples pour être différenciés par le cheval – A doit toujours être A et B doit toujours être B. Les chevaux ont besoin d'être noir et blanc – il n'y pas de gris, pas de peut-être. Si vous demandez à votre cheval de sortir de votre espace, vous voulez vraiment qu'il en sorte. Trop souvent, je vois des propriétaires qui font eux-mêmes marche arrière ou qui arrêtent de demander lorsque le cheval a juste levé sa tête et son encolure est, en apparence, sortie de leur espace.

Soyez cohérent dans vos demandes ; ne commencez pas à demander quelque chose pour changer d'avis ensuite ou, encore pire, changer la façon dont vous demandez un certain exercice en espérant le même résultat.

## Langage corporel

Être clair, ça commence dans notre esprit. Très souvent, nous ne sommes pas clair simplement parce que nous n'avons pas de plan et nous voulons juste faire bouger notre cheval. Soyez d'abord clair sur vos objectifs, ensuite vous pourrez être bien plus clair dans votre langage corporel. Essayez de vous filmer pour voir ce que vous faites avec votre corps afin de pouvoir corriger les problèmes que vous voyez.

## Energie

Les chevaux répondent extrêmement bien à notre intention, à notre énergie et à ce que l'on renvoie. Si vous voulez que votre cheval accélère, augmentez votre propre énergie. Si vous voulez qu'il ralentisse ou s'arrête, faites baisser votre énergie. Par exemple, certains cavaliers ont le problème d'un cheval qui ne veut pas s'arrêter, et lorsque je leur demande de me montrer, je les vois retenir leur souffle, le haut du corps tendu, et serrer les rênes – il ne se relâchent pas comme ils le devraient. Utiliser votre souffle vous aide à gagner plus de sensibilité.

# 9. Donnez de bonnes habitudes

Les chevaux s'épanouissent grâce à une routine et à des habitudes prévisibles. Tout ce qui sort de l'ordinaire les inquiète. Apprenez à votre cheval des habitudes utiles. Les jeunes chevaux apprécient particulièrement les routines régulières. Savoir ce qu'il va se passer et à quoi s'attendre aide les chevaux à être plus calmes et moins excités et, par conséquent, à apprendre plus vite.

Lorsque j'enseigne à mes jeunes chevaux à être suffisamment confiants pour quitter le troupeau avec moi, je suis toujours la même routine. Je prends le même chemin vers les écuries, je leur demande de rester en place dans le coin de pansage, je les brosse et leur cure les pieds, et enfin je les emmène à la douche. Après quelques répétitions, même les jeunes les plus nerveux se calment car ils commencent à savoir à quoi s'attendre. J'installe de bonnes et solides habitudes de la vie quotidienne.

Plus tard, en améliorant l'éducation de votre cheval, vous pourrez appliquer ces routines dans votre travail monté. Lorsque vous enseignez de nouveaux exercices, établir un modèle clair aide à accélérer le processus d'apprentissage. Par exemple, quand vous travaillez les transitions trot-arrêt, demandez-les toujours aux mêmes endroits de la carrière. Bientôt, votre cheval anticipera et sera mentalement prêt pour la transition.

## Répétition

Si vous ne voulez pas seulement que votre cheval apprenne un exercice mais aussi qu'il réussisse toujours cet exercice, vous devez le répéter souvent. En général, cela prend environ trois essais avant que le cheval "comprenne" un nouvel exercice. Mais ensuite vous devez répéter pour ancrer le nouvel exercice et former une réponse solide, fiable et de bonne qualité.

Il faut entre quatre et sept séances environ sur le même exercice, selon le cheval, pour avoir une réponse constante. Après cela, vous devrez encore répéter à chaque séance pendant un certain temps jusqu'à ce que l'exercice spécifique fasse partie du répertoire basique de votre cheval.

## 10. Du simple vers le complexe

Commencez simplement et progressez vers des exercices plus complexes. Pensez toujours à comment fragmenter votre objectif en plusieurs mini-étapes. Travaillez ces mini-étapes, vos ingrédients. Puis assemblez-les peu à peu, et une tâche qui semblait difficile devient soudainement simple. Laissez-moi vous donner un exemple.

## Chargement dans le van

- Apprenez à votre cheval à passer sur différentes surfaces, comme une bâche, un pont en bois pour l'habituer à marcher sur des surfaces bruyantes.
- Apprenez à votre cheval à passer dans des passages étroits.
- Apprenez à votre cheval à reculer au-dessus d'une barre.
- Apprenez à votre cheval à reculer dans un espace étroit.
- Apprenez à votre cheval à marcher sous une bâche.
- Apprenez à votre cheval à céder vers l'avant lorsque vous appliquez une pression là où la barre de fesses se placerait.

Préparé ainsi, il y a bien plus de chances que le cheval apprenne rapidement à monter dans le van et manifeste moins de refus, qui sont le plus souvent causés par la peur ou le manque de compréhension.

Vous devez savoir où vous allez. Cela vous aidera à savoir ce qu'il faut pratiquer et construire étape par étape.

## Au diable la perfection !

Les premiers essais n'ont pas à être parfaits. La perfection vient avec la compréhension et la répétition. Epargnez à votre cheval et à vous-même la frustration de vouloir être parfait. Les premiers essais sont suffisamment bons si vous voyez que cela va dans la bonne direction. Si votre cercle est encore ovale ou si vos pas de côté ne sont pas encore réguliers à 100%, peu importe. Avec de la répétition et de la pratique, les cercles seront plus arrondis et votre cheval sera plus coordonné lorsqu'il cédera latéralement.

Il est bien plus important que votre cheval réponde et essaie de faire ce qu'il faut immédiatement, plutôt qu'il y arrive du premier coup. Façonnez la réponse lentement au fur et à mesure. Une volonté exemplaire est plus importante qu'une exécution parfaite.

## 11. Amenez votre cheval dans un état d'esprit propice à l'apprentissage

Les chevaux ne peuvent pas apprendre et être attentifs lorsqu'ils sont effrayés, stressés, anxieux, ennuyés, pas motivés, ou trop énergiques. Pousser un cheval trop durement ou essayer d'entraîner un cheval par la force et la peur fera que le cheval n'apprendra rien, sauf à avoir peur de l'entraînement et des gens. Nous devons faire tout notre possible pour limiter le niveau d'excitation pendant les séances d'entraînement.

Au début de chaque séance, aidez votre cheval à entrer dans un état d'esprit propice à l'apprentissage. Faites ce qu'il faut pour que votre cheval puisse se calmer, ait confiance en vous et en son environnement, et pour qu'il se sente motivé. Ou peut-être que votre cheval a d'abord besoin de jouer pour se débarrasser de son excès d'énergie avant de pouvoir écouter et apprendre.

A chaque séance avec chaque cheval, je prends les dix premières minutes pour évaluer l'état émotionnel de mon cheval et l'aider à entrer dans un état d'esprit d'apprentissage. Un cheval dans cet état d'esprit est plus confiant, curieux, attentif et réactif. Il apprendra plus rapidement et facilement. Dans le prochain chapitre, j'expliquerai plus en détail comment aider les différents types de chevaux à arriver rapidement dans cet état.

## 12. Donner à votre cheval le temps d'assimiler

Tout comme nous, les chevaux ont besoin de temps pour traiter l'information, surtout lorsque vous leur enseignez quelque chose de nouveau. Donnez-leur un moment pour réfléchir à chaque fois que vous constatez une amélioration dans leur réponse.

Il est parfaitement normal pour votre cheval d'être un peu hésitant lorsqu'il apprend de nouvelles choses, tout comme vous. Surveillez si votre cheval mâchouille, soupire, ou s'il cligne des yeux. Ce sont tous des signes que votre cheval est détendu sur cette tâche.

Devenez bon dans la lecture de votre cheval, des signes subtiles et des expressions faciales qu'il vous montre. Mieux vous ferez cela, meilleur sera votre timing et plus votre cheval apprendra vite.

Souvenez-vous des signaux visuels qui indique une tension :

- Ne cligne pas des yeux régulièrement
- Lèvres serrées
- Oreilles droites ou qui bougent rapidement
- Plis autour des yeux ou des naseaux
- Expression faciale figée
- Muscles de l'encolure tendus
- Fuyant du regard

Ce sont des signes de tension et d'excitation basse à moyenne. Voir des signes comme ceux-là est assez commun, particulièrement lors de l'apprentissage de nouvelles choses ou lorsque l'on a affaire à des jeunes chevaux inexpérimentés. Si vous ignorez souvent les signaux et continuez à faire pression sur le cheval, il s'énervera.

Il est tout simplement impossible de toujours garder nos chevaux dans un état d'esprit très détendu. Parce que les chevaux sont très sensibles aux changements et sont constamment à l'affût du danger, le simple fait de les sortir de leur troupeau peut causer une tension. Cela veut-il dire que nous devons tout le temps les laisser dans leur pré ? Non. Nous devons leur montrer comment gérer le monde des humains et comment gérer le stress. Appliquez ceci à vous-même. La nouveauté est stressante, les nouvelles personnes sont stressantes, les nouveaux endroits sont stressants, mais serez-vous meilleur pour les gérer en restant assis dans votre canapé à lire des livres à leur propos ? Non. Le simple fait de s'exposer et se confronter à la situation vous aidera à prendre confiance en vous pour faire face à ces situations stressantes.

De rien, rien ne vient. Si vous n'exposez pas votre cheval à un certain niveau d'excitation/nouveauté/stress, il n'aura pas l'opportunité d'accroître sa confiance en lui.

Afin d'apprendre et d'étendre leur niveau de confiance, nous devons emmener nos chevaux hors de leur zone de confort – pas trop, juste un peu plus loin à chaque fois. Juste ce qu'il faut pour qu'ils puissent encore se gérer et par conséquent, gagner plus de confiance. Vous en apprendrez plus à ce sujet dans le dernier chapitre.

## Les signes du relâchement de la tension et de la relaxation :

- Soufflement
- Soupir profond
- Clignement des yeux
- Regard dirigé vers vous
- Tête et encolure basse
- Muscles de l'encolure détendus
- Machouillement
- Bâillement

Placez vos récompenses sur ces signes car vous saurez alors que votre cheval n'a pas seulement réussi la tâche physiquement, il l'a fait en étant mentalement et émotionnellement détendu. La relaxation – mentale, émotionnelle, et physique - est la clé.

## 13. Donnez des responsabilités à votre cheval

Enseignez à votre cheval qu'il est « responsable » de l'allure et de la direction et d'où se posent ses pieds. Cela évitera d'avoir à constamment utiliser vos jambes et vos mains (ou le stick et la cordelette) et de devoir prendre systématiquement le contrôle. Si on utilise continuellement une aide, cela devient de la désensibilisation et le cheval cessera de répondre ; l'aide devient simplement du bruit. Ou, sur des chevaux sensibles/vifs, on a l'effet inverse : il se sentent trop stimulés et deviennent incontrôlables.

En apprenant à votre cheval à maintenir l'allure, vous pouvez éviter à la fois les réponses excessives et les réponses insuffisantes. Commencez au départ par lui enseigner à maintenir l'allure quand il travaille à la longe/en cercles. Votre cheval peut-il faire quatre tours au trot sans que vous n'ayez à le pousser ? Plus tard, cela amènera votre cheval à maintenir des cercles au galop, des mouvements latéraux, et même des passages et des piaffés. Les instructeurs Français ont appelé cela la « descente de mains », un test pour voir à quel point le cheval se repose sur les aides. Pendant un court instant, les aides des mains et des jambes sont interrompues, et le cheval est censé maintenir son attitude, son équilibre et son mouvement.

Lancer un exercice/un mouvement et laisser le cheval continuer seul jusqu'à ce que vous demandiez autre chose. Renouvelez la demande seulement lorsque votre cheval cesse de maintenir l'allure et la direction que vous aviez demandées. Bien sûr, au départ, le renouvellement des aides sera plus fréquent, et votre objectif sera d'obtenir plus de pas/tours/mètres à chaque répétition. Cela s'applique même aux choses simples telles que rester immobile pour le pansage ; direction : regarder en avant. Allure : rester immobile.

Par exemple, arrêter de constamment utiliser vos jambes sur un cheval lent n'est qu'une question d'autodiscipline et de conscience. Mais cela vaut vraiment la peine d'apprendre à votre cheval à prendre des responsabilités. Votre temps avec votre cheval sera plus harmonieux, moins semblable à un exercice physique, et plus paisible pour vous deux.

Arrêtez de vous plaindre et commencez à être des partenaires !

## Exercice :
## Gardez les 13 points clairement en tête

L'entraînement du cheval est simple, mais il n'est pas facile… c'est une phrase que j'entends assez souvent de la part de mes mentors. Oui, vous pouvez certainement vous faire des crampes au cerveau si vous pensez trop profondément à cela. Restez simple, faites preuve de bon sens, et appliquez ces 13 points pour encourager le partenaire qu'est votre cheval. Envisagez de faire de ces 13 points un panneau que vous accrocherez dans votre sellerie ou vos écuries où vous pouvez les voir constamment jusqu'à ce que vous les connaissiez par cœur. Etablissez une certaine confiance, un langage, trouvez la bonne récompense pour votre cheval, soyez clair et apprenez à votre cheval à « continuer », et vous serez en bonne voie pour enseigner à votre cheval tout ce qu'il doit savoir pour devenir votre meilleur partenaire.

# La Personnalité unique de votre cheval

Votre cheval est unique, mais je n'ai pas besoin de vous expliquer cela. Chaque cheval à sa propre personnalité, comme vous et moi. Certains sont plus expressifs et agités, certains sont calmes et timides, certains sont détendus et faciles, et certains sont curieux et joueurs.

Et c'est un problème. Pourquoi ? Parce que cela signifie que nous ne pouvons pas juste appliquer la même méthode à chaque cheval. Ne serait-ce pas plus simple si une méthode convenait à tous les chevaux ? Ce n'est malheureusement pas le cas. Chaque cheval est motivé par quelque chose de différent, a différents points forts et points faibles. Tous les chevaux ont une sensibilité, une intelligence et un caractère différent. Et c'est pourquoi certaines personnes aiment une certaine méthode et pour le même nombre de personnes cela ne fonctionne pas avec leurs chevaux. La première fois que j'ai appris ce concept ce fut avec Linda Parelli[8]. Cela prend tellement de sens quand elle explique quelle stratégie d'apprentissage utiliser pour quel type de cheval.

La scientifique Léa Lansade[9] a également étudié les différentes personnalités des chevaux et pourquoi ils préfèrent chacun un style d'entraînement différent. Cela signifie que vous pouvez apprendre ce qui fait réagir votre cheval, ce qui le motive et ses peurs les plus profondes. Vous pouvez apprendre à adapter votre style d'apprentissage à la personnalité unique de votre cheval.

En connaissant les quatre principaux types de personnalité, vous pouvez apprendre comment donner à votre cheval exactement ce dont il a besoin, peu importe la situation. Votre cheval apprendra plus rapidement, aura plus confiance en vous en tant que leader, sera plus calme et sera plus disposé à travailler avec vous.

Mais le meilleur de tout : votre cheval se sentira respecté et vu comme l'individu qu'il/elle est. Et vous serez capable de faire ressortir le meilleur en lui/elle.

## Les 4 principales personnalités

Il y a des chevaux qui adorent bouger et galoper, et il y a des chevaux qui préfèrent ne pas avoir à bouger leurs pieds. Nous avons donc les deux premières catégories : extraverti et introverti.

Et ensuite il y a des chevaux qui sont tolérants, curieux, et « à l'épreuve des bombes », qui ne savent pas ce que signifie avoir peur, tandis qu'à l'opposé il y a les chevaux qui entendent une souris sous les feuilles et qui semblent voir des étranges hommes violets dans chaque buisson qu'ils croisent. Ce sont les deux autres catégories : confiant et craintif.

Si vous les mélangez, vous obtiendrez quatre personnalités :

- Extraverti et confiant
- Extraverti et craintif
- Introverti et confiant
- Introverti et craintif

Avant que je vous présente en détail ces personnalités, je veux faire trois remarques importantes :

1. **Ne mettez pas votre cheval dans une « case »**

    La personnalité de votre cheval n'est pas statique. Elle change selon les circonstances et la situation. Ce n'est pas parce que votre cheval est principalement extraverti et confiant qu'il ne peut pas être complètement fou une journée. Vous devez réévaluer chaque minute, chaque jour et dans chaque situation. Ce ne sont que des lignes directrices ; chaque cheval est son propre et unique mélange.

2. **Ce n'est pas une excuse**

Il est trop facile de dire : *mon cheval est fou dans de nouveaux environnements ; c'est pourquoi nous ne pouvons pas faire de concours. Mon cheval est introverti, c'est pourquoi je ne peux pas lui demander de galoper plus de quelques foulées.* Oui, chaque cheval à ses points faibles, mais ce n'est pas une excuse. Utilisez des astuces et des méthodes pour aider votre cheval à surmonter ses faiblesses.

3. **Analysez votre cheval dans cinq domaines :**

- A la maison (environnement connu)
- Dans le troupeau
- Avec les humains
- En tant qu'élève
- Dans des environnements inconnus et des situations stressantes

Votre cheval peut montrer des aspects de sa personnalité totalement différents selon la situation. Vous devez vous adapter en conséquence.

Je vais vous présenter chacun d'entre eux, donner des exemples pour illustrer les différentes personnalités des chevaux, et ensuite expliquer ce qu'ils trouvent difficile et quels sont leur points forts naturels. Vous allez découvrir quel est le principal problème sur lequel vous devrez travailler et quelles méthodes fonctionnent pour ce type de cheval.

Commençons avec les chevaux extravertis.

Ce qui est vrai à la fois pour le cheval extraverti confiant et le cheval extraverti craintif est qu'ils adorent tous les deux bouger leurs pieds. Ils sont effrontés et ils ont une bonne éthique du travail. Ce sont généralement les chevaux qui sont montés avec un mors dur car ils sont difficiles à arrêter. Ils semblent ne jamais être fatigués et ils sont souvent décrits comme « chauds ». La différence entre les deux est que l'un avance car il pense que c'est amusant, et l'autre parce qu'il a eu peur. L'un est joueur et excentrique, l'autre est un coureur fou.

# Le Cheval extraverti/confiant

Le cheval avec cette personnalité est le plus souvent décrit comme sportif, amusant, créatif et charismatique. Il mettra son nez partout, y compris dans les poches et sur les gens. C'est pourquoi beaucoup de gens décrivent ce cheval comme dominant et envahissant. Mais il est plus juste de dire qu'il sait tout simplement exactement ce qu'il veut et qu'il est super-curieux de tout ce qu'il se passe autour de lui. Cela conduit au problème que souvent, il veut faire exactement le contraire de ce que vous voulez qu'il fasse. Il est actif et adore être occupé, mentalement et physiquement.

Il y a quelques années, j'ai eu le plaisir de débourrer un hongre, Touareg, avec justement cette mentalité. Il était si fier de lui-même et de ses idées que c'en était hilarant… jusqu'à un certain point. A chaque fois que « j'osais » lui demander de faire quelque chose que je voulais, il me faisait faire du ski sur le sable en galopant de côté dans une démonstration parfaite de ses aptitudes physiques. Je devais trouver les bonnes méthodes pour qu'il *veuille* essayer *mes* idées, et pas seulement les siennes. A chaque fois que je me disputais avec lui et que j'étais trop stricte, j'étais perdue – il ruait et pétait en l'air, galopait de côté et faisait toutes sortes de mauvais tours. J'ai toujours su que c'était un génie, mais la grande question était : « comment l'amener à s'investir autant dans mes idées que dans les siennes et à être un petit plus obéissant ? »

## Difficultés

Ces chevaux ont des difficultés à être obéissants et à faire exactement ce que vous leur demandez. Ils ont beaucoup confiance en eux, et la plupart du temps ils ont une opinion bien définie sur tout. Surtout sur ce qu'ils veulent ou ne veulent pas faire. Et quand leur opinion n'est pas en accord avec ce que vous voulez qu'ils fassent, il est très facile d'entrer dans un véritable conflit.

Il est très facile d'être agacé avec les chevaux comme ceux-ci. Ils sont constamment occupés à faire quelque chose – pas un moment de paix, toujours une contre-proposition. Et quand on les rappelle à l'ordre, le meilleur que nous obtenons est une expression négative ou une certaine forme de protestation. Ils n'aiment pas travailler avec discipline ; répéter le travail plus souvent que trois fois est presque une punition pour eux et ils trouveront juste des manières de rendre l'exercice plus amusant pour eux. La régularité les rend aigris, et ils s'ennuient très rapidement. Ils peuvent montrer beaucoup de force, surtout quand ils expriment leur hostilité pour ce que vous leur demandez de faire.

## Points forts

Ces chevaux sont de formidables partenaires si vous aimez la diversité, l'action et la vitesse. Ils sont vifs et courageux et cela ne les dérangent pas d'être dans un autre endroit. Ils sont enthousiastes pour découvrir de nouvelles choses et aiment généralement travailler. Saut d'obstacles, concours, reining, équitation de travail (compétences de conduite et de tri de bétail), barrel racing, course de vitesse, course d'endurance et dressage de haut-niveau sont des disciplines qui leur vont bien. Ils adorent toutes les choses avec de la diversité, de l'action et une chance de frimer.

Associés à leur charisme et à leur nature généralement amicale, ils sont souvent les chouchous des écuries. Ils sont en général très intelligents, ils apprennent rapidement et sont joueurs. Vider la boîte de pansage (je ne sais pas si c'est un point fort !), « aider » au nettoyage et être farceur, leur plaisent en général, et ils égayent la journée de presque tout le monde. Ce cheval vous fera sûrement rire et verser des larmes de désespoir en même temps.

## Objectif

Leur principal point faible est d'être difficilement obéissant pour réaliser vos idées. L'objectif principal pour leur développement mental et émotionnel serait d'arriver à un point où ils font avec enthousiasme ce que vous leur demandez de faire.

## Méthodes clés

Pour faire ressortir le meilleur de votre cheval, vous devez penser de manière originale :

1. **Apprenez de nouvelles choses.** Apprenez-lui quelque chose de nouveau au moins une fois par semaine. Soyez progressif. Rien n'est pire pour ce cheval qu'une routine ennuyeuse. Si vous ne lui apprenez rien de nouveau, il découvrira comment faire les exercices actuels d'une manière nouvelle, plus originale – et en général nous n'aimons pas trop cela. Donc anticipez pour toujours avoir une longueur d'avance avec ce cheval.
2. **La diversité ajoute de la saveur à la vie.** La routine craint, mais la douceur, la perfection et la lenteur craignent encore plus pour ce cheval. Rendez vos séances actives, intéressante et ludiques. Rendez vos séances plus dynamiques, augmenter le rythme lorsque votre cheval se sent particulièrement joueur. Beaucoup de transi-

tions, de changements, et d'obstacles vous aideront à utiliser cette énergie de manière positive plutôt que d'arrêter le cheval parce qu'il est trop énergique.
3. **Au diable la perfection**. Ce cheval ne voit pas l'utilité de répéter une activité jusqu'à ce qu'elle soit parfaite. Il captera l'idée générale presque immédiatement. C'est suffisant. Vous pourrez améliorer le travail à chaque séance quand vous le répéterez une ou deux fois. Ce n'est pas le cheval pour les perfectionnistes – c'est un cheval pour les expressionnistes.
4. **Apprenez-lui des tours**. Ce cheval adore faire des tours. Il est souvent très expressif et il son esprit n'est jamais au repos. Enseignez-lui quelques tours dans un but précis, comme ramasser les brosses après qu'il ait vidé la mallette de pansage.
5. **Félicitez-le beaucoup**. Chaque cheval de cette catégorie est devenu accro à mon rire. Il aimera sentir que vous vous amusez aussi ! Félicitez beaucoup, caresses, sourires, gratouilles, voix, peu importe. Exprimez-vous à chaque fois que vous êtes heureux et fier de lui de manière extravertie ! Mais faites attention à récompenser seulement quand il fait ce que *vous* voulez.
6. **Ne vous disputez pas**. Il est trop simple d'avoir une dispute avec ce cheval. Ne faites pas ça. S'il rue, surfez sur la vague et riez, plutôt que d'essayer de le punir, et ensuite montez en avançant. Dire à ce cheval de se calmer est l'une des principales raisons pour lesquelles il se conduit mal. Apprenez à canaliser cette énergie. Quand je joue en liberté avec ma jument Mayana, elle doit d'abord courir de partout, ruer, se cabrer, changer de directions, et de manière générale être très indisciplinée. Si je la punis à ce moment, elle devient grincheuse et ne se connecte pas. Mais quand je commence avec « oui, good girl » et que je l'encourage même un peu, elle vient très rapidement à moi avec un regard fier sur son visage et elle m'interroge sur mes idées. Encouragez en premier leurs idées, et ils s'intéresseront aux vôtres. Formez et façonnez, soyez heureux de cet « à peu près » au début, et obtenez plus d'eux à mesure que la séance avance.

7. **Donnez-leur un objectif.** Donnez-leur un véritable travail, quelque chose à faire afin qu'ils puissent comprendre le pourquoi. Ces chevaux aiment le cross, ou les courses, ou le tri de bétail, ou le saut d'obstacles. Dès qu'il y a un objectif clair (et ensuite un humain fier) leur attitude change.
8. **Allez en avant.** Bougez leurs pieds, et vous gagnerez leur esprit. Essayer de les contrôler quand ils sont pleins de fougue et d'énergie a l'effet totalement inverse de ce que vous voulez obtenir : cela empire. Soyez courageux, envoyez-les en avant et amusez-vous ! Parfois ils agissent de manière insensée car nous essayons de les ralentir et de les contrôler. Mayana aime agir de cette manière à chaque fois que je la monte sur le cross. Quand je l'échauffe au pas, elle « sursaute » à chaque fleur bleue, chaque feuille vert-foncé. Dès que je la laisse aller en avant, trotter et galoper, elle est tout simplement heureuse.

## Le Cheval extraverti/craintif

Ce cheval est très sensible et réactif. Ses instincts naturels sont prêts à surgir et sont faciles à déclencher. Ils sont facilement effrayés et la plupart d'entre eux ont le même « coin effrayant » dans la carrière pendant des années. Leur cerveau fonctionne à mille à l'heure, et se concentrer sur une chose est difficile pour eux. Ils sont rapides et sportifs, très sensibles

aux aides. Généralement les chevaux de cette catégorie sont compliqués et ne semblent jamais être fatigués. Ils ont un incroyable dévouement au travail. Si vous réussissez à les faire se sentir en sécurité avec vous, ils vous donneront 150 pour cent de leur cœur et de leur volonté.

Ma jument Mazirah est un parfait exemple pour ce type de cheval. Elle était toujours très en avant et remarquait chaque forme, bruit ou ombre anormale. Généralement elle répondait en allant de plus en plus vite. Plus j'essayais de la retenir, plus elle était tendue, ce qui en retour la faisait aller encore plus vite. C'est ainsi que nous finissions dans de nombreuses situations dangereuses : elle faisait de grands écarts et elle s'emballait même dans un village ou sur des routes fréquentées. Une fois elle est même tombée à cause d'un écart dans le coin de la carrière.

Une fois que j'ai découvert comment ne pas déclencher ses instincts et comment je pouvais l'aider à me faire confiance et à se relaxer, elle est devenue une jument très endurante, très performante qui donnait tout son cœur dans tout ce que je lui demandais de faire, y compris arrêter tout un troupeau de vaches !

## Difficultés

Ces chevaux sont instables, peureux et ont des réflexes rapides. Ils voient tout, entendent tout et répondent à tout. Ils sont facilement confus quand ils ne comprennent pas et répondent avec tension, fuite et « folie » générale. Une fois que leur côté instinctif est déclenché, penser est très difficile ; ils agissent par pur instinct.

Vous pouvez souvent voir les chevaux de cette catégorie avec des mors durs car ils sont très compliqués à contrôler. Ils développent aussi facilement des stéréotypies, comme tiquer à l'air ou tiquer à l'ours à cause du stress et d'un manque de régularité.

## Points forts

Les chevaux avec cette personnalité se lient très fortement à l'humain en qui ils ont confiance. Comme ils recherchent un leader qui peut leur apporter la sécurité, ils vous acceptent volontiers une fois que vous avez cette position. Ensuite ils vous donnent leur cœur et leur âme. Vous pouvez monter ses chevaux avec le pouvoir de votre pensée quand ils sont connectés, concentrés et calmes. Ils sont très légers et répondent à la plus petite suggestion. Beaucoup de chevaux d'endurance ou de course font partie de cette catégorie. Ils adorent courir, et ils iront au-delà de leurs limites si vous les laissez faire. Chevaux endurants et résistants, sensibilité et lien affectif sont ses principales caractéristiques.

## Objectif

L'objectif principal pour cette personnalité serait d'apprendre au cheval à se relaxer, se concentrer, et à faire confiance à la fois à vous et au travail que vous lui demandez de faire. Il est important de convaincre votre cheval que vous êtes son ami, qu'il peut vous faire confiance quoi qu'il arrive, et que toutes vos intentions sont amicales. Ensuite il pourra se relaxer et se concentrer sur ce que vous voulez qu'il fasse.

## Méthodes clés

Si vous voulez faire ressortir le meilleur de votre cheval, vous aurez besoin de vous armer de beaucoup de patience et d'affection réconfortante.

1. **La régularité est la clé pour ce cheval.** Routines, répétitions et prévisibilité aideront ce cheval à savoir ce qui arrive et à se relaxer. La diversité et l'action sont très bouleversantes pour ce cheval car il ne peut jamais savoir ce qu'il va se passer ensuite. Vous devez garder identiques les routines et la structure générale de vos séances.
2. **Renforcez la confiance.** Habituez votre cheval et mettez-le en confiance avec autant d'objets différents, bruits, outils, etc. que

vous pouvez. Plus votre cheval sera confiant avec des choses effrayantes, plus il aura confiance en vous peu importe ce que vous lui présenterez. Vous voulez avoir une communication très solide avec votre cheval quand les choses vont bien et qu'il n'y a rien à craindre.

3. **Concentrez-vous sur la relaxation.** Il est trop facile de vous faire entraîner dans la folle énergie de votre cheval et de vous agiter aussi. Continuez à respirer, gardez votre voix basse, continuez à bouger doucement – même (et surtout) quand votre cheval a une crise de folie.
4. **Soyez amical, toujours.** Même si vous devez agir vite et fermement par moment, restez amical et ne prenez rien personnellement. Ne soyez pas énervé contre lui juste parce qu'il agit « avec folie » ; il est juste effrayé.
5. **Interrompez le schéma.** Arrêtez un comportement de folie dès que vous le voyez émerger. Vous pouvez faire cela en faisant des changements de direction, avec des déplacements latéraux, avec un désengagement partiel ou complet. Cela interrompt le schéma de fuite et votre cheval est presque « obligé » de réfléchir, même si ce n'est que pour une seconde. De cette manière vous pouvez ré-établir le contrôle sans interférer avec la tête de votre cheval, comme en tirant sur les deux rênes ou en tenant la longe plus courte et tendue, ce qui lui fait le plus peur.
6. **Approche progressive.** Si vous gardez toujours ce cheval dans sa petite zone de confort, il ne sera jamais courageux. Mais ne le surexposez pas non plus : trouver le bon entre-deux.
7. **Approche et retrait.** Si ce cheval s'arrête, c'est sa manière de vous dire qu'il a peur de quelque chose. Ne poussez pas votre cheval au-dessus de ses limites. Des réactions comme se cabrer, et même se retourner, sont très probablement ce qui arrivera après. Utilisez l'approche et le retrait pour aider votre cheval à avoir confiance.
8. **Faites des cercles plutôt que des lignes droites.** Monter en faisant beaucoup de cercles, en tournant beaucoup, et faire des serpentines pour calmer et relaxer ce cheval. En ligne droite, générale-

ment, ce cheval accélère, donc évitez les lignes droites jusqu'à ce que votre cheval ait appris à se contrôler.
9. **Une rêne pour le contrôle.** N'essayez pas de le ralentir en tirant sur les deux rênes. Cela déclenchera sa claustrophobie, et il voudra avancer encore plus. Rien n'est pire pour ce cheval que de se sentir retenu et restreint. Je sais cela grâce à ma propre expérience. Croyez-moi, mettre un mors plus sévère et tirer plus fort n'aidera pas sur du long terme. Utilisez une rêne pour le contrôle, faites des cercles et incurvez votre cheval pour freiner son élan.
10. **Soyez déterminé et clair.** Ne soyez pas passif et hésitant avec ce cheval. Il a besoin de votre leadership, il a donc besoin de savoir que vous avez un plan et que vous savez quoi faire. Soyez ferme mais amical. Agissez avec détermination.
11. **Maintenez un faible niveau d'excitation.** N'essayez pas de lui apprendre quelque chose alors qu'il est toujours excité et tendu ; il ne sera pas capable de réfléchir. Avant d'apprendre quelque chose à ce cheval, vous devez tout d'abord l'avoir calme et connecté à vous.

Maintenant parlons des chevaux introvertis. Ces deux types de chevaux, introvertis et confiants et introvertis et craintifs, ont une énergie plus basse. Ils n'ont pas beaucoup de tonus ; ils sont plus détendus. Ce ne seront pas les chevaux qui seront difficiles à arrêter ou qui partiront à toute vitesse. S'ils ont la possibilité de se reposer ou de ralentir, ils la saisissent. La différence entre les deux est que l'un des deux ne voit pas pourquoi il bougerait et l'autre est trop apeuré pour bouger.

## Le Cheval introverti/confiant

Le cheval introverti/confiant est le paresseux classique. Plus vous mettrez des jambes pour qu'il aille en avant, plus il ralentira. Le cheval se demande : « pourquoi ferais-je cela ? Ton idée est-elle meilleure que de manger du foin ? » Si vous trouvez que vous travaillez beaucoup plus que le cheval, votre cheval fait probablement partie de cette catégorie. Ce cheval semble être têtu, paresseux et gourmand. Mais il est aussi fiable et robuste. Il est tolérant et doux ; il préfère juste ne pas trop bouger trop vite.

Ma première rencontre avec un cheval comme cela était avec l'un de mes premiers poneys – un hongre fjord appelé Lotus. Au début je pensais qu'il ne voulait pas aller en avant à cause de son manque de forme physique – il était très gros. Mais quand il est devenu plus musclé, il ne voulait toujours pas aller en avant. En fait, plus je le poussais, plus il ralentissait. Il s'arrêtait même et passait en marche arrière. Il reculait lentement et persistait jusqu'à ce qu'il rencontre un obstacle quelconque. Nous reculions dans les arbres et les clôtures, et une fois nous sommes tombés dans un petit fossé plein d'eau. C'était très marrant et extrêmement frustrant en même temps. Peu importe comment j'utilisais mes jambes ou ma cravache, il ne voulait pas avancer. Quelques fois il décidait au bout d'un certain temps d'y aller quand même, mais j'étais entièrement à sa merci ; d'un autre côté, je pouvais aussi beaucoup m'amuser avec lui. C'était toujours le poney le plus tolérant, courageux et gentil. Souvent ma petite sœur se joignait à moi sur son dos (sans selle, bien sûr), et nous allions faire une longue balade comme cela. Il était exceptionnel, hormis quand il décidait « je ne veux plus aller en avant ».

A cette époque, je n'avais pas encore la clé pour le motiver. Des années après, j'ai finalement compris quand j'ai rencontré Quimrahil – un autre hongre très introverti mais confiant.

## Difficultés

Le problème principal est de motiver ce cheval et de le faire avancer. Ce cheval semble être ennuyeux et peu réactif, têtu et insensible. Il ruera si vous le poussez, mais c'est le type de ruade où il est facile de rester en selle ; il est trop fainéant pour faire de gros efforts. Par-dessus cela, il est très attiré par la nourriture, il ira chercher cette belle touffe d'herbe à chaque occasion.

## Points forts

Ce cheval est, en général, très fiable et tolérant. Il ne s'effraie que rarement et il garde son calme dans presque toutes les situations. Il est facile de s'entendre avec lui et il est facile à manipuler dans la vie quotidienne. Et vous pouvez presque tout lui faire faire pour un morceau de carotte !

## Objectif

Le grand défi avec ce cheval n'est pas d'accroître sa confiance ou de lui apprendre à être plus courageux. Au contraire, ce cheval a besoin d'être plus réactif et sensible aux aides. L'objectif de chaque séance devrait être de terminer avec un cheval motivé qui fait l'effort dans ce que vous lui demandez de faire.

Alors, quelles sont les clés pour qu'un tel cheval mette tout son cœur dans ce que vous lui demandez de faire et qu'il veuille travailler avec vous ?

## Méthodes clés

1. **La diversité rend la vie intéressante.** Rien n'est pire pour ce cheval que la routine et la régularité. Rendez cela intéressant ! Donnez à votre cheval de la diversité dans votre programme de la semaine. Extérieur, travail en carrière, travail au sol, nouveaux exercices… Soyez créatif pour susciter l'intérêt de votre cheval. Ce cheval s'endormira si vous répétez quelque chose trop souvent.

2. **Faites-en moins**. Parler moins fort avec ce cheval. Utilisez moins vos jambes. Donner de plus petits signaux. Comme ce cheval n'est pas réactif, nous tombons facilement dans le piège de constamment le pousser en avant avec des ordres énergiques. Ce cheval n'est pas sourd et il peut sentir une mouche se poser sur lui. Ce cheval n'est pas non plus stupide – il sait exactement ce que vous voulez, mais il ne voit juste pas pourquoi bouger rapidement sans raison ou motivation. En utilisant des aides plus légères et moindres, le cheval doit écouter avec plus d'attention.
3. **Faites des séances courtes**. Ayez un objectif clair. S'il ne peut pas voir d'intérêt, il fera de moins en moins d'efforts. Je sais que c'est dur, mais arrêtez dès qu'il fait de son mieux. Ne cédez pas à la tentation de « demander juste une fois de plus » quand votre cheval fait de son mieux. Il se dira juste : « je le savais ! Je vais devoir répéter inutilement cela dix fois maintenant. Je dois garder mon énergie ». Si vous prenez l'habitude de garder les séances, surtout les séances en carrière, courtes mais progressives, votre cheval prendra l'habitude de donner le meilleur de lui-même plus tôt. Dans le cas où cela arrive que votre cheval donne le meilleur de lui-même après dix minutes, vous pouvez toujours aller vous promener.
4. **Demandez à votre cheval de faire moins que ce qu'il veut faire**. Il veut marcher doucement, demandez-lui de marcher encore plus doucement, mais qu'il continue de marcher. Rapidement, il dira : « peut-on juste marcher normalement ? » ou, s'il s'arrête vous pourrez lui demander de reculer à la place jusqu'à ce qu'il dise : « peut-on juste aller en avant ? ». Rendez les bons choix très faciles ; rendez les choses indésirables un peu inconfortables.
5. **Soyez clair et ferme**. Parfois il faut que vous soyez 100 pour cent clair dans ce que vous demandez et que vous alliez au bout des choses pour obtenir la réponse souhaitée. Si vous tombez dans le piège d'utiliser des aides de plus en plus fortes, vous ne ferez que désensibiliser votre cheval et lui apprendre à ne pas répondre. Si vous demandez quelque chose à ce cheval, vous devez obtenir que

le cheval fasse ce que vous demandez. Mais vous devez le faire intelligemment. Si vous demandez trop et trop tôt, vous n'aurez que de la résistance et une mauvaise attitude. Demandez 100 pour cent d'effort dans un petit travail comme une transition arrêt-pas. Prenez l'habitude de faire 100 pour cent d'effort dans les petites demandes, et ensuite faites en sorte que votre cheval se sente fier de lui et de ses efforts !

6. **Donnez des récompenses.** Ce cheval demande constamment : « pourquoi devrais-je faire cela ? Qu'est-ce que j'y gagne ? ». Si ce cheval n'y voit aucune raison, il va rapidement arrêter de faire des efforts et commencer à économiser son énergie. Vous devez beaucoup travailler avec des récompenses – pas de pots-de-vin mais une bonne récompense quand il fait l'effort. Quels types de récompense votre cheval aime-t-il – nourriture, gratouilles, repos, compliments, gratouilles sur le ventre, montrer son exercice favori ?

7. **Donnez-lui un objectif.** Ce cheval sera au pire de sa forme s'il ne voit pas d'objectif. Trotter en cercle dans une carrière est la pire chose à faire pour ce cheval. Il n'y a juste pas d'intérêt. Mais dès qu'il peut voir une utilité, il mettra son cœur à l'ouvrage. Une randonnée, du tri de bétail, des pony games, ou même une course d'obstacle donnera un objectif clair à ce cheval. Mon hongre Quimrahil, par exemple, a commencé à être brillant quand je lui ai présenté le travail du bétail : il a soudainement vu un but à tout ce que ce que je lui avais enseigné avant. Il aimait montrer comment il pouvait pousser la vache, tourner et s'arrêter, il aimait que je sois très fière de lui quand il faisait du bon travail.

8. **Transformez les choses en jeu.** Plus vous direz à ce cheval quoi faire et ne pas faire, plus il deviendra insensible. Pensez à comment tout transformer en jeu avec des règles, un prix à gagner et des conséquences si ces règles ne sont pas respectées. Rapidement, votre cheval commencera à penser : « oh, que puis-je faire pour éviter cette conséquence, et comment puis-je gagner le prix à la place ? ». La conséquence ne veut pas nécessairement dire

punition ; par exemple, cela peut signifier qu'il doit faire un tour de piste supplémentaire s'il évite le saut la première fois.
9. **Appréciez ses points forts**. Ce cheval peut être paresseux et avoir peu d'énergie, mais il est robuste et n'aura presque jamais peur. Vous pouvez compter sur lui. Trop souvent j'entends des personnes se plaindre de leur cheval introverti. Je l'ai fait aussi, jusqu'à ce que je commence à apprécier sa fiabilité en randonnée et dans des situations difficiles. Dans des situations où mes chevaux arabes perdraient vraiment leur sang-froid, Quimrahil restait calme et centré. Appréciez votre cheval et arrêtez de le persécuter avec ses points faibles.

## Le Cheval introverti/craintif

Ce cheval est doux, timide et craintif. Il ne va pas facilement s'exprimer. A l'inverse du cheval précédent qui ne veut que rarement aller en avant par paresse, ce cheval ne peut pas aller en avant car il se sent hésitant. Il se retranche dans son propre petit monde à chaque fois qu'il ne se sent pas en sécurité.

Beaucoup de gens les trouvent imprévisibles car nous remarquons souvent trop tard qu'ils sont indécis et nous les poussons au-delà de leurs limites. Ils sont de nature très obéissante, donc ils essaient de nous satisfaire, même si notre demande les terrifie. Puis, à partir d'un certain point, cela devient trop et ils explosent. C'est pourquoi les gens pensent que ces chevaux sont imprévisibles.

Il y a plusieurs années, je travaillais avec un cheval qui avait cette personnalité. Taram et moi travaillions sur la formation de base, mais il avait peur de tout. C'était une petite fleur, qui essayait d'être jolie, mais au moindre vent elle se repliait. Il avait du mal à avancer sous la selle. Toutes les méthodes utilisées pour le cheval précédent ne fonctionnaient pas pour lui. Il n'était pas intéressé par la nourriture, être plus stimulant l'effrayait, être plus ferme et plus clair le faisait exploser et ruer. J'ai passé beaucoup de temps à ne rien faire du tout avec lui, je marchais simplement à côté de lui avec mes mains sur son encolure, en parlant. Rapidement, Taram a commencé à me faire confiance et à s'ouvrir. Ce cheval, une fois que j'ai eu sa confiance, m'a donné tout son cœur. C'était le plus doux, l'âme la plus aimante. Il ne faisait jamais rien de coquin, comme le cheval extraverti/confiant aime le faire ; il voulait juste me satisfaire et savoir que j'étais heureuse avec lui. Plus je rassurais Taram et plus j'allais doucement, plus il s'ouvrait et plus il donnait. Et il allait comme par magie en avant sans que j'aie besoin de le pousser.

## Difficultés

La difficulté principale avec ce cheval est qu'il vous fasse confiance en tant que professeur et en tant que leader afin qu'il puisse faire ce que vous lui demandez. A chaque fois qu'il se sent apeuré ou submergé, il s'éteint et arrête de « parler ». Ces chevaux sont difficiles à lire, c'est pourquoi nous passons souvent à côté de leurs signes très discrets et nous rencontrons des problèmes.

Le principal objectif avec ce cheval serait de gagner sa confiance. En général, ce cheval n'est pas courageux. Ce n'est pas le cheval à prendre en compétition et pour sauter de gros obstacles de cross car il est facilement

effrayé par l'énergie et la vitesse. Il peut apprendre à faire ces choses, mais ce n'est pas son talent naturel.

## Points forts

Ce cheval se liera profondément avec l'humain en qui il a confiance. Si vous réussissez à le convaincre que vous faites tout pour lui et non à lui, il vous donnera tout ce qu'il a. Il sera très obéissant et il sera rarement coquin. Il est gentil et doux, sensible et veut faire plaisir. Il adore très souvent le dressage en raison de la sécurité due à la répétition des figures, la carrière fermée, et « les mains qui tiennent » par le biais du contact des rênes. Ce cheval aime qu'on lui dise exactement quoi faire, comment et quand car cela lui fait se sentir en sécurité.

## Objectif

L'objectif avec ce cheval serait de développer sa confiance en lui afin qu'il soit assez courageux pour sortir de sa coquille. La raison pour laquelle ce cheval semble être paresseux et non réactif n'est pas due au fait qu'il est têtu mais dû à un manque de confiance. Cela signifie que si vous développez sa confiance en lui, dans le contact avec vous, et son environnement, les problèmes disparaîtront.

## Méthodes clés

1. **Allez doucement**. Ne précipitez rien avec ce cheval. Pensez à comment vous pouvez tout décomposer en petites étapes. Ce cheval n'est pas stupide, mais il a très peur de pas faire les choses bien. Donc, s'il ne comprend pas à 100 pour cent car vous avez sauté une petite étape, il s'inquiètera. Cela ne signifie pas que vous ne pouvez que marcher à la vitesse d'un escargot avec ce cheval ; cela veut surtout signifier que vous baissez votre énergie. Ce cheval est très fort pour ressentir vos émotions donc si vous prétendez être patient mais qu'à l'intérieur de vous, vous êtes un explosif, vous ne serez pas surpris que ce cheval ait du mal à vous faire confiance.

Par conséquent, à chaque fois que les choses commencent à aller mal, allez moins vite. Arrêtez, respirez, et pensez à comment vous pouvez mieux expliquer. Faites preuve de patience et les choses iront bien plus vite avec ce cheval.

2. **Répétitions.** Répétez jusqu'à ce qu'il le fasse par lui-même ; ensuite vous saurez qu'il a compris. Ce cheval aime vous montrer qu'il peut bien faire les choses si vous le laissez faire. Les répétitions lui permettent de se sentir en sécurité et de savoir qu'il fait la bonne chose. Répéter lui donne aussi l'opportunité de comprendre l'exercice et de se sentir bien avec. En général, avec ce cheval vous pouvez répéter souvent. C'est le cheval parfait pour les perfectionnistes. Avec chaque répétition, il fera mieux les choses, il sera plus éveillé, plus avec vous et plus impliqué. Mais en même temps, ne le critiquez pas quand il ne réussit pas parfaitement quelque chose. Ajouter de la pression quand les choses se passent mal est vraiment la pire manière de faire avec ce cheval.

3. **Rassurez-le beaucoup.** Sa plus grande peur est de faire les choses mal, donc montrez-lui que tout va bien. Félicitez quand vous voyez qu'il essaie, pas seulement quand il réussit à tout exécuter, à travers votre voix, une douce caresse, un sourire, qui font des merveilles avec ce cheval. Faites tout ce que vous pouvez pour envoyer vos ondes d'amour à ce cheval.

4. **Développez la confiance.** Cela développera la confiance de ce cheval en vous et en sa capacité à faire les choses bien, plus particulièrement aux premiers stades de votre relation. Ce cheval peut avoir peur ou être hésitant pour plein de choses : vétérinaire, maréchal-ferrant, tondeuse, douche, quitter le troupeau… tout ce qui est nouveau. Prenez le temps de faire ces choses bien. Il est simple de gérer ce cheval à travers tous ces procédés car il est très obéissant. Mais il ne sera jamais vraiment relaxé. Prenez le temps d'expliquer à votre cheval qu'il n'a vraiment pas à avoir peur, et montrez-lui comment se relaxer émotionnellement et physiquement avec ces tâches de base. Pour cela, vous avez besoin d'apprendre à lire en lui.

5. **Apprenez à lire les signes discrets de votre cheval.** Soyez bon pour lire les signes subtils de votre cheval, en particulier ses expressions faciales. S'il arrête de cligner des yeux, c'est généralement le premier indicateur qu'il s'inquiète. Faites attention aux plis aux dessus ou sous l'œil. Regardez ses lèvres, sont-elles serrées ? Quand il bouge, regardez le dos de votre cheval : est-il souple ou tendu ? Son encolure est-elle un tout petit peu haute ou relaxée ? Ces signes sont très subtils, donc vous devez observer votre cheval et apprendre comment il communique. Faites une liste des signes quand il est relaxé et se sent bien et une liste des signes qu'il montre quand il est inquiet.
6. **Attendez qu'il lèche et mâchouille.** Le léchage et la mastication sont des signes sûrs que le cheval se relaxe. Et c'est ce que vous voulez avec ce cheval en particulier. Vous devez vous assurer que le cheval lèche et mastique pendant l'exercice. Si vous faites plusieurs exercices à la suite sans laisser assez de temps à votre cheval pour « réfléchir », vous risquez de créer une tension et il va soit s'éteindre soit exploser. Si vous continuez à le pousser, vous risquez une explosion, donc arrêtez simplement, attendez qu'il lèche et mâchouille, et essayez encore.
7. **Soyez un leader incontestable mais doux.** Il est facile de devenir trop mou et de trop attendre pour ce cheval. Mais ce cheval aussi a besoin d'un leader qui sait quoi faire et qui croit en lui, en ses capacités. Dire à votre cheval « faisons cela » d'une manière calme est meilleur que le moins confiant « peux-tu faire cela ? ». Pouvez-vous rayonner de confiance pour que votre cheval soit capable de surmonter ses peurs ? Soyez doux mais sûr et ayez un plan.
8. **Chuchotez à ce cheval.** Ce cheval est très sensible. Même s'il ne bouge pas toujours à la vitesse de la lumière comme les extravertis, vous verrez qu'il réagit immédiatement, d'une certaine manière. Avec ce cheval, vous pouvez chuchoter et parler très doucement. En fait, il sera effrayé si vous faites de grands gestes, parlez fort et montez dans les phases trop rapidement. Ce qui est juste assez ferme avec un cheval confiant, sera perturbant pour ce cheval,

mais une fois que ce cheval aura compris, vous pourrez le faire bouger avec un toucher aussi léger qu'une mouche.

9. **Passez du temps sans rien demander.** Une des meilleures manières de gagner la confiance et le respect de ce cheval est de tout simplement passer du temps sans rien demander. Ne vous attendez même pas à ce qu'il vous sente ! Vraiment : AUCUNE ATTENTE ! Dès que vous vous attendez à quelque chose, même si cela se fait inconsciemment dans votre tête, ce cheval pourrait ressentir cela comme une pression. Si vous passez souvent du temps, à seulement rester dans son pré ou dans son box, il aura confiance en votre présence. Tôt ou tard, il commencera à interagir avec vous. Ensuite, vous pourrez commencer à lui donner de douces caresses (oui, c'est le cheval qui aime les douces caresses et gratouilles), et il commencera doucement à apprécier votre compagnie. Prenez le temps de devenir amis. Etablissez une connexion cœur à cœur. Ce sera le cheval qui pourra littéralement lire dans vos pensées.

10. **Récompensez ce cheval quand il fait preuve d'initiative.** La plus grande peur de ce cheval est de faire quelque chose mal et de se faire réprimander. C'est la raison pourquoi ce cheval est si obéissant. D'une certaine manière, ce cheval manque de confiance en lui et d'audace. Il est presque trop réservé et trop obéissant. Donc, le jour où ce cheval a une idée ou une proposition pour faire quelque chose, saisissez-la ! Félicitez-le ! C'est un signe qu'il a assez confiance pour s'exprimer à vous. Par le passé, j'ai entraîné un hongre très doux mais très timide. Le jour où il a fouillé dans ma veste et l'a même grignotée, j'étais très heureuse car il était enfin assez confiant pour « envahir » mon espace de cette manière. Si cela devient trop, ce n'est vraiment pas un problème de dire à ce cheval : « ça suffit maintenant ». Récompensez le courage, l'audace et la confiance en eux quand ils expriment leur opinion.

## Votre objectif : un cheval centré

Avec un cheval bien éduqué, il sera difficile de dire quelle personnalité il a. Si vous utilisez les méthodes régulièrement, votre cheval va s'équilibrer. Il deviendra volontaire, motivé, calme et confiant. Chaque cheval a ses petits défauts ; la question est de savoir si vous les corrigez avec votre entraînement ou si vous les mettez en évidence ? Avec un bon entraînement, votre cheval deviendra de plus en plus centré jusqu'à être le cheval « parfait ».

Voici les piliers d'un bon entraînement pour les chevaux : être capable de s'adapter à chaque type de cheval et être assez humble pour changer complètement de style et d'approche afin que cela corresponde à un cheval particulier dans une situation particulière.

## Quel cheval vous correspond ?

En lisant cela, vous avez probablement déjà pensé ici et là : « oh, je voudrais ce cheval » ou « celui-ci me correspond si bien ». Tout le monde n'accroche pas avec le même type de cheval. Être mal adapté à votre cheval peut être très difficile. Quelque fois cela ne correspond juste pas, et il est mieux de trouver une meilleure compatibilité pour le cheval et pour vous. Donc, si vous avez déjà un cheval, j'espère que vous en tirerez des indices pour améliorer votre partenariat. Si vous envisagez d'acheter un cheval, vous pouvez maintenant apprendre à évaluer d'emblée quel type de cheval vous conviendrait le mieux.

Je rencontre tant de personnes qui ont acheté le « cheval de rêve ». L'étalon noir, l'exubérant cheval arabe blanc, le fiable cheval de trait mais ensuite ils m'amènent le cheval pour une rééducation. Parfois, le cheval de vos rêves n'est pas l'animal avec qui vous pouvez vivre votre rêve.

Donc, quelle personnalité avez-vous ? Etes-vous une personne et un cavalier téméraire et confiant ou êtes-vous plus prudent et aimez-vous pratiquer la précision ? Aimez-vous tout simplement vous relaxer pendant de paisibles balades, ou aimez-vous le saut d'obstacles ?

Si vous êtes téméraire et extraverti, vous serez probablement très ennuyé avec les chevaux introvertis. Vous ferez peur aux craintifs, et vous serez frustré avec le cheval introverti et confiant-car il n'aime pas la vitesse !

Si vous êtes une personne plus introvertie et peu confiante, vous aurez très peur avec un cheval extraverti et qui a confiance en lui. Il a bien trop d'énergie et beaucoup trop d'idées personnelles pour vous. Il a besoin d'un leader qui correspond à son énergie et à son enthousiasme et si vous ne pouvez pas faire cela car vous n'êtes tout simplement pas comme ça, il s'en chargera et fera ses propres plans.

Si vous êtes un cavalier détendu, confiant et que vous avez ce cheval follement extraverti qui a besoin de se dépenser beaucoup, vous serez probablement frustré. Ce ne sera pas possible de profiter de longues balades tranquilles dans la nature car elles finissent rapides et mouvementées. Vous correspondrez mieux aux chevaux introvertis.

Si vous êtes un cavalier extraverti mais plutôt émotif, vous ne correspondrez probablement pas au cheval extraverti et craintif. Vous vous feriez peur tous les deux. Il n'y aurait personne qui pourrait donner de la confiance à l'autre et être le leader. Vous seriez sûrement mieux avec un cheval introverti et confiant car c'est un cheval calme et fiable.

Si vous aimez la vitesse et n'êtes pas dérangé par d'occasionnelles folles crises, vous adorerez le cheval extraverti et confiant. Ces chevaux sont obéissants (quand ils n'ont pas peur) et ne sont jamais fatigués. Devenez leur fidèle leader et ils vont donneront tout.

Si vous souhaitez avoir un cheval que vos enfants peuvent aussi monter, choisissez définitivement un cheval introverti. Ceux qui sont craintifs seront plus obéissants et doux. Ceux qui sont confiants seront plus tolérants mais les enfants auront plus de difficultés à les faire bouger (et parfois des ruades seront au programme).

| CHEVAL<br>VOUS | Extraverti/<br>confiant | Extraverti/<br>craintif | Introverti/<br>confiant | Introverti/<br>craintif |
|---|---|---|---|---|
| Extraverti/<br>Confiant | Correspondance parfaite ! | Bonne correspondance | Vous allez vous ennuyez ou apprendre à le réveiller | Votre énergie va submerger ce cheval |
| Extraverti/<br>Emotif | Correspondance possible si vous êtes un cavalier confiant | Pas idéal | Correspondance parfaite ! | Pas idéal |
| Détendu | Mauvaise correspondance : votre cheval va s'ennuyer avec vous | Bonne correspondance : vous calmerez le cheval | Ok, si vous apprenez à motiver le cheval | Bonne correspondance |
| Timide/<br>calme | Pas idéal | Pas idéal | Correspondance parfaite ! | Bonne correspondance |
| Enfants | Bonne correspondance pour les enfants qui ont de l'expérience en équitation | Pas prudent | Correspondance parfaite ! | Bonne correspondance, si le cheval est bien formé |

## Comment évaluer le tempérament et le caractère d'un jeune cheval ?

Avec les jeunes chevaux qui ne sont pas encore matures dans leur caractère et leur tempérament, cela peut être très difficile de dire quel type de personnalité ils auront plus tard. Beaucoup de choses peuvent encore changer car ce n'est pas juste la génétique qui joue un rôle ; l'éducation et l'environnement ont une grande influence.

Néanmoins, vous pouvez faire quelques estimations, basées sur ce qui suit :

- **Réaction face aux nouveautés** : apportez un parapluie ou une bâche dans le pré du cheval et regardez ce qu'il fait. Est-il curieux ou attend-il que les autres s'approchent d'abord ? Combien de temps cela lui prend-il pour y jeter un coup d'œil ?
- **Réaction à la solitude** : comment réagit-il quand il quitte le troupeau ou si le cheval dans le box voisin s'en va ? Est-il très grégaire ?
- **Réaction au nouvel environnement** : comment réagit-il quand vous l'emmenez se promener quelque part qu'il ne connaît pas ? Veut-il faire demi-tour et se cacher derrière vous ou marche-t-il devant, désireux d'explorer ?
- **Réaction à la contrainte** : comment réagit-il quand vous le tenez court et restreignez ses mouvements ? Comment réagit-il quand vous prenez sa tête ? Est-ce qu'il devient nerveux ou ne s'en soucie pas ?
- **Sensibilité globale au toucher et à la pression** : avec quelle facilité pouvez-vous le faire bouger ? A quel point est-il sensible quand vous touchez ses crins, ses membres, etc. ?

Même avec le meilleur entraînement, vous ne pourrez pas changer le caractère naturel de votre cheval. Mais vous pouvez aider votre cheval à être au meilleur de sa forme et à grandir en surmontant ses craintes et ses angoisses. Chaque cheval apporte ses propres problèmes, mais c'est à vous de décider quel type de problème vous pouvez le mieux gérer.

Rappelez-vous, ce ne sont que des lignes directrices. Vous ne devez pas tomber dans le piège de mettre votre cheval dans une catégorie figée. Souvent les gens me demandent : « de quel type est mon cheval ? » et je réponds : « votre cheval est votre cheval ». Par cela, je veux dire qu'il/elle a une unique personnalité. Il y aura des tendances bien sûr, mais chaque cheval à sa propre personnalité. Vous devez apprendre à ne pas seulement le lire mais aussi à vous adapter et à changer quand cela est nécessaire. Ne continuez pas quelque chose qui ne fonctionne pas juste parce que quelqu'un a dit : « votre cheval à cette personnalité, donc vous devriez le traiter comme ceci ou comme cela ». Votre cheval changera quand les situations, les jours, les saisons changeront, quand votre éducation et votre relation progresseront. Utilisez ces connaissances à votre avantage en les utilisant toutes, pas seulement ce qui est écrit dans une seule catégorie.

---

### Exercice :
### Quelle personnalité correspond à votre cheval ? Laquelle vous correspond ?

Dans votre journal, faites une liste des traits de personnalité de votre cheval (ou des traits de votre cheval idéal) et une autre liste avec les vôtres. Des quatre types de personnalité mentionnées dans ce chapitre, laquelle correspond le mieux à votre cheval ? Laquelle vous correspond le mieux ? Etes-vous en adéquation ? Êtes-vous complémentaires ? Si vous ne vous correspondez pas, que pouvez-vous faire pour éliminer le déséquilibre ? Etes-vous prêt à fournir le travail et l'effort supplémentaire pour évoluer autant que nécessaire ?

# Les Besoins naturels d'un cheval

Avoir un cheval heureux commence par la satisfaction de ses besoins naturels. Le meilleur entraînement du monde ne peut rendre un cheval heureux si ses besoins fondamentaux ne sont pas satisfaits. Je me sens ridicule en parlant de ce sujet car je sais que les amoureux des chevaux donnent une grande importance au bien-être de leur cheval bien-aimé. Mais au cours des dernières années, en tant que professionnelle, j'ai vu tant de choses étranges arriver entre les chevaux et leurs propriétaires que j'ai le sentiment de devoir traiter ce sujet pour que ce livre soit complet.

Pour vous donner un exemple, laissez-moi vous raconter une petite histoire. Une dame m'a appelée un jour. Son petit poney welsh, hongre, de quatre ans, Erowan, qu'elle avait acheté pour sa fille de quatre ans, ne se comportait pas bien du tout. Il poussait les gens, mordait, bougeait lors du pansage et agissait de manière agressive lorsqu'il était nourri. Lorsqu'elle l'emmenait en balade avec sa fille, il ne cessait de tirer vers les touffes d'herbes qu'il croisait. C'était un vrai poney : un enfant insupportable, un cauchemar et pas du tout sécuritaire pour la petite fille. En plus, il était allergique au foin, donc il toussait sans cesse.

J'ai demandé à la dame où vivait le poney. Elle m'a dit qu'ils l'avaient mis à l'écurie depuis quelques mois parce que le pré était trop boueux. Il serait plus à l'aise dans un box propre, sur un lit de paille. Je lui ai demandé s'il avait de la compagnie. La réponse était non, car il jouait tellement avec les autres chevaux qu'ils s'inquiétaient de sa santé. Même lorsqu'il était autorisé à sortir dans le paddock pour quelques petites heures, il était seul. C'était un jeune poney très joueur et son énergie devait s'évacuer d'une manière ou d'une autre.

Pourquoi ce poney causait-il des problèmes ? La propriétaire ne voyait aucune raison pour que le cheval soit malheureux étant donné qu'il vivait dans un box confortable avec une grande litière de paille et sans autre cheval pour l'embêter. Dans le fond, c'est comme enfermer un enfant de douze ans, débordant d'énergie, dans une cabine de toilette. A quoi peut-on s'attendre ?

Trop souvent, nous projetons nos besoins et nos sentiments humains sur nos chevaux. L'anthropomorphisme est contre productif lorsque l'on entraîne un cheval, mais ça n'aide pas non plus lorsqu'il faut les entretenir. Les chevaux ont évolué dans de grands espaces ouverts, tandis que les humains ont évolué dans des grottes. En tant qu'humains, nous avons tendance à avoir une forte envie d'installer confortablement notre cheval, qu'il soit à l'aise, heureux et qu'il se sente bien. Il n'y a pas de mal à cela ; je suis dans le même bateau. J'aime acheter des choses pour mes chevaux et les utiliser ensuite. J'ai plus de couvertures que de chevaux, j'adore les compléments alimentaires, et j'adore essayer toutes sortes de lotions et potions. Mais ces choses rendent-elles vraiment notre cheval heureux ou uniquement nous ?

## Les Besoins généraux des chevaux

### Compagnie : les chevaux sont des animaux qui vivent en troupeau

Les chevaux ont besoin de compagnie équine. Ils ne se sentiront en sécurité qu'en présence d'autres chevaux, dans un troupeau. Ils sont plus fort ensemble et capables de voir plus de dangers. Les chevaux ne se reposeront que lorsqu'ils se sentiront totalement en sécurité, sachant qu'un ami est à l'affût du danger pendant ce temps. Ils sont très sociables et construiront des amitiés durables, tout comme nous. Ils ont besoin d'interaction sociale, de pansage mutuel, de jouer et brouter ensemble pour se sentir satisfaits et heureux.

J'ai vu une fois sur Facebook une dame demander conseil quant à l'accueil d'un poulain sevré. Sa question concernait la meilleure option à choisir :

- Option A : dans un jardin avec une oie
- Option B : un plus grand champ mais seulement avec des poulets

- Option C : un très grand champ, proche de la maison, mais sans compagnie, bien que le poulain pourrait voir l'oie de loin.

Je ne savais pas quoi dire. Cela aurait été drôle si cela avait été une blague, mais c'était une question sérieuse. Les chevaux ont besoin d'une compagnie équine. Les oies, les poulets, et les moutons ne sont pas des chevaux ! Oui, les chevaux peuvent s'adapter parce que leur programmation génétique s'assure de leur survie, mais le cheval sera-t-il vraiment heureux et se sentira-t-il en sécurité ? Probablement pas.

## Herbe et fourrage : les chevaux sont herbivores

L'appareil digestif des chevaux est fait pour gérer un flot de nourriture constant. Le principal moyen de digestion est la fermentation bactérienne. L'acide de l'estomac est produit sans cesse, et la nourriture passe rapidement dans l'estomac. Cela signifie que si le cheval n'a plus de nourriture pendant plus de quatre heures, l'estomac sera vide et l'acide brûlera la paroi stomacale. Pouvoir grignoter en permanence une quelconque sorte de fourrage assure une bonne santé de l'appareil digestif du cheval.

## Mouvement constant : les chevaux sont des animaux de la steppe

Les chevaux ont besoin de bouger. Dans la nature ils sont en mouvement pendant de longues périodes de la journée à la recherche du prochain carré d'herbe. Ce mouvement constant maintient leurs articulations et leurs membres en bonne santé, leur appareil digestif en marche, et leurs muscles prêts à courir. Une étude australienne sur les distances parcourues par les chevaux féraux dans la brousse a montré qu'ils font en moyenne 15 km par jour[10]. Le mouvement est ce qui maintient un cheval en forme et en bonne santé, physiquement et mentalement. Restreignez les mouvements d'un cheval, et vous provoquerez de nombreux problèmes allant des stéréotypies aux problèmes digestifs, le cheval ne sera plus « sain ».

## Espace : les chevaux veulent voir et bouger

Idéalement, un cheval devrait avoir assez d'espace pour faire un bon galop. Un petit pré carré est mieux que rien, mais ne satisfera pas les besoins de marcher, de courir, de voyager et d'observer l'environnement qu'a un cheval. Les chevaux détestent les restrictions, car elles signifient qu'ils sont piégés et ne peuvent pas échapper au danger.

## Routine : les chevaux sont des êtres routiniers

Les chevaux apprécient une routine régulière pour la nourriture, le repos, le travail, le pansage et le jeu. Les routines permettent aux chevaux de se sentir en sécurité. Tout ce qui sort de la norme leur donne une raison de s'inquiéter.

## Stimulation mentale : les chevaux détestent s'ennuyer

Les chevaux aiment être actifs, pas seulement physiquement mais aussi mentalement. Dans la nature, ils doivent penser à l'endroit où trouver de la nourriture, de l'eau, et un endroit où se reposer. Nous leur enlevons tout cela si nous les mettons à l'écurie avec une faible activité. C'est ennuyeux d'être enfermé entre quatre murs ou barrières toute la journée.

## Leadership : les chevaux aiment la hiérarchie

Les chevaux ont évolué de façon à vivre dans une structure hiérarchique. Pour se sentir à l'aise et en sécurité, ils ont besoin d'un leader sûr de lui et en qui ils ont confiance.

# Les Besoins de votre cheval domestique

## Des conditions de vie propres

L'hygiène est vitale pour la vie de notre cheval. A moins de posséder plusieurs kilomètres carrés où les chevaux peuvent se balader librement, il est impératif pour leur bien-être de tout garder propre et soigné. La santé des sabots, la santé respiratoire et le contrôle des parasites sont directement liés au maintien de la bonne hygiène des conditions de vie du cheval. Cela signifie du travail car les chevaux sont des machines à faire du crottin. Laisser un cheval sur une litière humide, dans la boue ou dans une pâture couverte de crottin est très néfaste pour sa santé, et cela fera grimper votre facture de vétérinaire au fil du temps.

Maintenir l'écurie propre et nettoyer le paddock régulièrement devrait être normal.

## La Compagnie et le contact social

Comme mentionné précédemment, les chevaux ont besoin de compagnie équine. Bien sûr, le cheval sera ami avec les autres animaux, comme les chèvres, s'il n'y a pas d'autres chevaux aux alentours. Mais un cheval et une chèvre ne peuvent pas faire leur toilette mutuellement, communiquer de la même manière, et un cheval ne peut pas se nourrir de la même façon avec des amis non équins. Les jeunes chevaux, tout particulièrement, dépendent des autres chevaux pour apprendre les bons comportements sociaux et les règles.

J'ai travaillé une fois avec une jument trotteuse de quatre ans, Esperance. Elle avait été élevée au biberon après la mort de sa mère pendant la mise-bas. Malheureusement, pendant les premiers mois de sa vie, elle n'avait été en contact qu'avec des personnes et pas avec d'autres chevaux. Bien qu'elle ait été mise avec d'autres chevaux à l'âge de cinq ans, elle n'avait jamais rattrapé son retard. Elle considérait les humains comme son troupeau et elle avait peur des autres chevaux. Par conséquent, son entraînement a été assez difficile car elle n'avait jamais appris à parler « cheval ». C'était un cheval perturbé socialement, incapable de vivre une vie de cheval normale et incapable de complètement comprendre les humains ou les chevaux.

Les chevaux ont besoin de compagnie équine. C'est le plus important facteur de bonheur pour votre cheval.

## La Recherche de nourriture constante

Mettez une sorte de fourrage à disposition de votre cheval à tout moment. Ne laissez pas votre cheval sans fourrage plus de cinq heures. Fournir des repas hautement énergétiques pourrait satisfaire les besoins en nutriments et en énergie de votre cheval, mais pas son besoin de constamment grignoter et mâcher.

Les chevaux ont besoin de mâcher environ 55.000 fois pour que leur cerveau signale qu'ils en ont eu assez. Réfléchissez à la manière dont vous pouvez offrir des occasions de rechercher de la nourriture à votre cheval s'il n'est pas dans un pré, en particulier s'il a besoin d'être mis au régime. Des filets à foin ou d'autres choses qui ralentissent l'absorption de nourriture du cheval sont de bonnes options, et ils retirent le risque que le cheval mange excessivement.

## Les Soins des sabots

Les chevaux domestiques ont besoin de soins de sabots régulièrement, même s'ils vivent en extérieur dans de grandes pâtures, tous les jours et à toute heure et qu'ils sont pieds nus. Par « régulièrement » je veux dire qu'ils ont besoin d'être parés toutes les quatre à huit semaines, selon la pousse, l'usure des sabots, et surtout la qualité des sabots. Pas besoin d'attendre que le sabot soit en mauvais état. Plus vous en attendez de votre cheval, plus vous devrez prêter attention à ses sabots. Apprenez-en plus sur le sujet afin de pouvoir rester indépendant, jusqu'à un certain point, de celui qui prend soin des sabots de votre cheval. Assumez la responsabilité des sabots de votre cheval ; ils sont essentiels pour le bon état de votre cheval et ses performances.

La reproduction sélective au cours du dernier siècle a doté de nombreux chevaux de pieds dysfonctionnels. Retourner à un mode de vie plus naturel peut faire des miracles sur des sabots faibles, mais ils ont besoin d'un suivi. Un planning de parages réguliers est une nécessité pour une bonne santé et des performances optimales. Je suis pour les pieds nus, mais si c'est douloureux pour le cheval et que ses pieds ne le supportent pas, il a besoin de protection ! Si nécessaire, protégez les sabots avec des hippo-sandales, des protections de sabots à coller, ou des fers. S'il vous plaît, ne laissez pas votre cheval pieds-nus pour le plaisir d'être pieds-nus si cela engendre une douleur !

## Les Soins vétérinaires et vaccins

Pour éviter des épidémies de maladies qui pourraient menacer la vie de votre cheval, vaccinez-le. Chaque pays à différentes règles, alors parlez-en à votre vétérinaire pour établir un plan de vaccination approprié à votre région. Avec un peu de chance, vous n'aurez besoin que d'une seule injection par an. Faites l'effort de trouver un bon vétérinaire expérimenté avec les chevaux qui peut répondre à toutes les questions sanitaires qui vous viennent.

## Le Contrôle des parasites

Les chevaux ont évolué de sorte à toujours avoir un certain nombre de vers, et c'est totalement normal pour des chevaux sauvages d'avoir des parasites. Mais nos chevaux domestiques vivent dans de plus petits espaces, et parfois ils ne peuvent pas éviter de manger près de leurs propres excréments. Un bon plan de contrôle des parasites est une absolue nécessité pour tous les chevaux. Malheureusement, les parasites commencent à être résistants aux traitements disponibles sur le marché, mais un déparasitage sélectif aide à éviter l'amélioration des résistances. Voilà comment cela fonctionne :

- Tous les trois mois (deux mois pour les poulains jusqu'à leurs deux ans), prenez un échantillon d'excrément et faites une coproscopie. Pour cela, soit vous demandez à votre vétérinaire, soit vous l'envoyez à un laboratoire qui offre ce service.
- Le résultat du test vous dira si votre cheval à besoin d'être vermifugé ou non. En dessous d'un certain nombre de vers et d'œufs, le cheval n'a pas besoin d'être vermifugé.

- Si vous avez tout un troupeau, vous constaterez que ce sont toujours les mêmes chevaux qui ont un taux de vers plus élevé. Vous n'aurez besoin de traiter que les chevaux avec un taux de vers élevé.
- Idéalement, vous refaites une coproscopie environ dix jours après le déparasitage – cela vous permet de vérifier si les vers sont résistants au traitement administré.

Le déparasitage sélectif a beaucoup d'avantages autres qu'éviter l'amélioration des résistances des parasites. Il aide aussi à économiser de l'argent sur des vermifuges onéreux, sachant que la plupart des chevaux n'ont même pas besoin d'être vermifugés quatre fois par an et ainsi préserve la flore intestinale du cheval. Faites attention cependant, certains vers ne seront pas visibles pendant la coproscopie. Pour ceux-là vous aurez besoin de faire des tests plus spécifiques. Demandez à votre vétérinaire.

Dans l'écurie où j'ai travaillé pendant des années, nous utilisions ce protocole. Soixante-quinze pour cent des chevaux n'avaient besoin d'être vermifugés qu'une fois par an, 20% avaient besoin de deux vermifuges, et seulement 5% avaient besoin de trois ou quatre vermifuges.

## L'Abri

Les chevaux ont besoin d'avoir un abri dans des conditions extrêmes, comme la chaleur, la pluie, la neige, le vent ou la grêle. Ils peuvent être très résistants aux mauvaises conditions météorologiques, mais la reproduction sélective a rendu beaucoup de races plus sensibles. Il y a une différence de résistance lorsque l'on compare un haflinger à un quarter horse ou à un pur-sang.

Si votre cheval vit à l'extérieur et ne rentre pas à l'intérieur chaque soir, vous devrez lui fournir un abri fermé sur trois côtés. Dans certains pays c'est même une obligation légale d'avoir un abri accessible dans le pré, et les abris naturels comme les arbres ou les buissons ne sont pas considérés comme suffisants. En été, un abri naturel fournit assez de protection, mais pas en hiver lorsque les feuilles sont tombées.

## La Stimulation mentale

Les chevaux aiment être mentalement actifs. Faire en sorte que tout soit aussi confortable que possible pour eux leur rend la vie ennuyeuse. Les concepts de logement comme le « Paddock Paradise » ou le concept allemand d' « Écurie Active » stimulent le cheval mentalement. La nourriture se trouve à différents endroits à des moments aléatoires, mais pas tout le temps. Par conséquent, les chevaux peuvent imiter leur comportement naturel et se promener à la recherche de nourriture encore plus. Réfléchissez à la façon dont vous pouvez rendre le quotidien plus intéressant pour votre cheval. Pendre des filets de foin à différents endroits est une façon simple de changer de routine. Séparez l'abri du cheval, les abreuvoirs, et les aires pour se nourrir autant que possible afin que votre cheval soit motivé à bouger d'un endroit à l'autre.

L'autre partie de la stimulation mentale est le temps que votre cheval passe avec vous. D'après mon expérience, les chevaux sont plus satisfaits s'ils ont « leur » humain et du « travail » régulier ou une activité régulière – à la fois du travail mental et physique. Apprendre de nouvelles choses contribue grandement au bonheur d'un cheval.

# Les Conséquences de l'insatisfaction des besoins

Lorsque vous échouez à satisfaire ces besoins de base, il y a de nombreuses conséquences négatives.

## Les Stéréotypies (tics)

Les stéréotypies sont des mouvement rituels ou répétitifs et, chez les chevaux, cela inclut des comportements comme le tic à l'ours, le tic à l'air, le tic à l'appui ou le tic déambulatoire. Tellement de chevaux qui vivent en box souffrent de ces comportements. Le cheval ne voit pas ces comportements comme un problème ou une source de stress ; pour lui, ces comportements sont un moyen de gérer son confinement et les autres stress.

A chaque fois que le cheval effectue un de ces comportements stéréotypés, il reçoit une dose d'endorphine. Cela lui permet de se sentir mieux pendant un moment car l'endorphine est l'hormone du bien-être, et par conséquent, le cheval devient accro à ce comportement. C'est semblable à manger du chocolat pour nous, humains – mais tout comme manger beaucoup de chocolat n'est pas bon pour notre corps, ces comportements stéréotypés chez les chevaux peuvent conduire à de sérieux problèmes de santé.

## Agression des gens et des autres chevaux

Ce problème survient surtout suite à du manque de contact social et à l'ennui : pas assez d'exercice, pas assez de stimulation mentale, un manque de bon entraînement, pas assez de fourrage, et l'estomac vide depuis trop longtemps.

## Dépression

Là où certains chevaux deviennent agressifs, les plus introvertis deviennent dépressifs. Le confinement et l'isolement sont les plus grandes causes de dépression.

## Problèmes comportementaux

Si un cheval ne peut pas jouer avec d'autres chevaux, il essaiera de jouer avec vous. Les chevaux extravertis/confiants en particulier vont commencer à être trop joueurs ou « irrespectueux » s'ils n'ont pas l'opportunité de jouer et de se dépenser au pré. L'énergie doit sortir !

## Les Problèmes des membres

De longues périodes debout et immobile dans une écurie, une litière profonde, un travail soudain, et le mauvais usage des protections pour les membres peuvent causer de sérieux problèmes aux articulations, tendons et os du cheval. Le cheval est fait pour rester en mouvement. De longues périodes de repos épaississent et assèchent la synovie dans les articulations. Et lorsque le cheval est mis au pré et se met immédiatement à courir et à ruer parce qu'il est heureux, cela peut causer de sérieux dommages.

## Les Problèmes de sabot

Pas de sabots, pas de cheval. Si le sabot d'un cheval n'est pas en bonne santé, le cheval ne peut pas être sain. Les problèmes de sabots causent des douleurs sur toutes les autres parties du cheval car dès l'instant où le cheval commence à compenser l'inconfort dans ses pieds, d'autres problèmes surviennent.

La première cause des problèmes de sabot est le manque d'hygiène. Comme évoqué précédemment, une litière profonde, la boue, et marcher dans des excréments est néfaste pour la santé des sabots. La seconde cause est un manque de mouvement : pas de mouvement, pas de stimulation de la pousse, pas de développement interne du pied. La troisième cause est une alimentation inadaptée, c'est-à-dire une nourriture trop riche, trop de glucides, et un déséquilibre des minéraux. Apprenez à prendre des décisions autonomes et éclairées pour votre cheval.

## Problèmes digestifs

De longues périodes sans aucun apport alimentaire, des repas riches céréales et trop peu de fibres, combinés au stress du confinement et au manque de mouvement mènent très rapidement à des ulcères et des coliques chez les chevaux domestiques. Une façon très simple de remédier à cela serait de fournir des fibres vingt-quatre heures sur vingt-quatre, dans une mangeoire qui distribue lentement la nourriture ou un filet à foin.

## Problèmes respiratoires

Les écuries humides, chaudes et poussiéreuses peuvent causer des problèmes respiratoires pour les chevaux. Du foin moisi et une litière humide irritent additionnellement les voies respiratoires du cheval. Une toux allergique, une MPOC (maladie pulmonaire obstructive chronique ou emphysème) et une sensibilité aux infections sont des problèmes très communs chez les chevaux d'écurie. Ouvrez les fenêtres et les portes, laissez entrer l'air, nettoyez les litières, et ne leur donnez que du foin propre à manger. Ou laissez votre cheval vivre dehors.

## Trop d'énergie

Beaucoup de chevaux qui ne voient que leur box, leur petit pré, le marcheur, et la carrière sont excessivement réactifs. Tout semble les effrayer. Etant donné qu'ils ne voient jamais rien, ils n'ont jamais l'opportunité d'apprendre.

L'entraînement et la vie de tous les jours peuvent être plus simples avec nos chevaux si nous satisfaisons leur besoin de compagnie, de mouvement, d'espace et de fourrage. Les factures vétérinaires et le coût de la nourriture peuvent être grandement réduits si nous laissons vivre nos chevaux comme la nature le prévoit.

J'aime voir la tendance des élevage naturels qui continue de perdurer depuis ces dix dernières années. De plus en plus d'amoureux des chevaux découvrent les avantages d'élever leurs chevaux en extérieur et en troupeau. Malheureusement, la façon dont nous avons reproduit sélectivement nos chevaux au fil des générations les a rendus plus fragiles et moins résistants que ce qu'ils étaient autrefois, nous devons donc trouver un équilibre sain entre les envelopper dans du coton et les laisser vivre naturellement.

## Exercice :
## Comment pouvez-vous offrir à votre cheval des conditions de vie idéales ?

Il nous faut trouver un équilibre entre nos propres ressources (temps, espace, argent) et ce dont notre cheval a besoin. Je pense que tous les propriétaires de chevaux agissent au mieux pour le bien de leur cheval. Néanmoins, plus nous en savons et plus nous rejetons l'anthropomorphisme, et meilleurs nous serons pour prendre soin de nos chevaux.

Réfléchissez aux conditions de vie de votre cheval. A quel point êtes-vous proche ou loin de lui offrir une vie idéale ? Quelles choses simples pouvez-vous faire pour satisfaire les besoins de votre cheval et lui fournir une vie plus joyeuse ? Pourriez-vous lui fournir du foin dans des filets à foin afin qu'il ait moins de temps sans fibres ? Comment pouvez-vous vous assurer qu'il ait plus de contact social et plus de mouvement ? Comment pouvez-vous créer des conditions de vie plus saines pour votre cheval ?

## Partie 3 :
# Comprendre le processus

Pour finir, vous allez mener votre cheval sur un chemin certain vers un objectif : avoir un partenaire fiable et compétent, facile et agréable à monter et, mieux encore, qui aime passer du temps avec vous. Quel est l'ordre des tâches que votre cheval doit apprendre ? Comment pouvez-vous construire cette relation dont vous avez toujours rêvé ? Plongeons dans le vif du sujet.

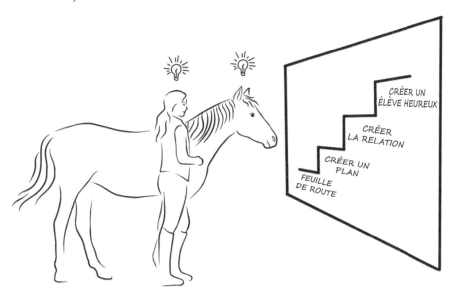

# Du Poulain au cheval de vos rêves

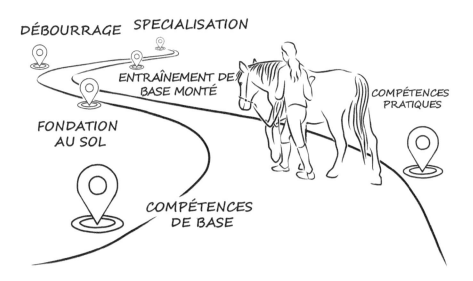

En fin de compte, chaque propriétaire de cheval veut avoir un cheval confiant et volontaire, facile à manipuler dans la vie quotidienne et plaisant à monter.

Très souvent, nous ne commençons à penser à la façon d'atteindre cet objectif sérieusement qu'une fois que nous rencontrons un cheval qui n'est pas très plaisant à monter ou à manipuler. Ou les deux. C'est assez frustrant (et quelques fois pénible) de gérer un cheval qui a quelques lacunes dans son éducation et dans ses acquis.

C'est un peu comme essayer d'économiser du temps et de l'argent quand vous construisez une maison. On pourrait être tenté d'être négligent dans les fondations (car on ne peut pas les voir de toutes façons), mais sans les fondations, la maison ne restera pas solide et résistante et les premières fissures arriveront vite.

Tout ce que vous avez lu jusqu'à maintenant vous aidera à appliquer ce que vous allez apprendre dans ce chapitre. Ce livre entier est une feuille de route pour vous aider à faire évoluer votre jeune en le cheval de vos rêves, et faire évoluer le cheval de vos rêves est surtout une question d'attitude, de prise de conscience, de connaissances solides et seulement en second plan, des techniques correctes. Une connaissance de la nature des chevaux, comment ils apprennent, ce dont ils ont besoin pour être heureux, comment lire leur langage corporel. Il est question de votre capacité à faire un plan, d'être structuré et, plus important, d'être discipliné pour faire le travail requis et continuer peu importe ce qu'il arrive.

Ce chapitre vous donnera la pièce du puzzle que vous attendiez – les tâches concrètes. Toutes les petites choses qu'un cheval doit savoir dans le but d'être un cheval de rêve qui est confiant, volontaire et agréable à monter. Je vais énoncer les grandes lignes de ce qu'un cheval doit apprendre et dans quel ordre, selon deux perspectives :

- L'ordre des compétences de base : en commençant par les principes fondamentaux jusqu'à l'entraînement de base
- L'ordre chronologique : en commençant au jour un de la vie du cheval

Cela vous donnera d'importantes lignes directrices, que vous ayez un jeune poulain ou que votre cheval ait déjà trois ans.

## Feuille de route des compétences de base

Il y a un ordre logique de la manière dont un cheval doit apprendre toutes les compétences nécessaires. Ces compétences peuvent être regroupées dans quatre grandes catégories :

- Compétences de base
- Travail à pied de base
- Débourrage
- Entraînement de base

C'est seulement après cet entraînement que le cheval pourra intégrer une spécialisation, selon la discipline que vous choisirez, ce qui dépasse les limites de ce livre.

La réalité d'aujourd'hui est que les chevaux apprennent à peine les compétences basiques. Ils sont précipités au débourrage et dans une formation spécialisée trop rapidement – tout cela dans un souci de résultats rapides, d'être efficace plus rapidement, de faire de l'argent et parce que nous sommes impatients de passer aux choses intéressantes. Le résultat est trop souvent un cheval qui n'est pas le plus facile à manipuler dans la vie de tous les jours – un cheval qui est confus et ne peut rien supporter qui sort de l'ordinaire.

N'oubliez pas les bases. Vous tomberez amoureux du processus et du fait de tout enseigner à votre cheval, étape par étape. Il en vient un grand sentiment de satisfaction et d'accomplissement en voyant votre cheval développer sa confiance et ses compétences, et de savoir que c'est vous qui lui avez appris.

A chaque fois que j'ai un cheval avec une histoire inconnue, je vérifie d'abord où le cheval se trouve sur cette feuille de route. Si je trouve des failles dans les bases, je vais les rectifier avant d'avancer vers toute autre tâche.

## Les Compétences de base

Les compétences de base constituent la base d'une relation quotidienne saine et agréable avec nos chevaux. Les compétences comptent trois principales catégories : sociabilisation avec les humains et les chevaux, manipulation quotidienne et compétences pratiques (vétérinaire, maréchal-ferrant, transport).

### 1. Sociabilisation avec les humains et les chevaux

Vous rappelez-vous l'histoire d'Espérance, la jument qui avait été élevée au biberon ? Quand je l'ai eue pour la débourrer sous la selle, j'ai essayé de l'ajouter à un de mes troupeaux comme elle devait rester longtemps avec moi. Mais elle ne voulait tout simplement pas s'intégrer dans le troupeau. Nous avons essayé pendant environ quatre semaines, mais elle ne montrait pas d'intérêt pour les autres chevaux et elle était même effrayée par eux, bien qu'ils ne soient pas méchants avec elle. Elle était stressée et perdait du poids, et elle commençait à être assez malheureuse.

Quand j'ai commencé à travailler avec elle, j'ai découvert d'énormes lacunes dans sa relation avec les gens. Elle avait confiance mais n'avait pas idée de comment communiquer d'une manière respectueuse, m'attaquant à chaque fois que je fixais des limites claires et que je ne renonçais pas. Elle n'avait pas été bien sociabilisée, ni avec les chevaux ni avec les humains.

Je devais rattraper beaucoup de choses avec cette jument avant de pouvoir réellement commencer à la débourrer. Cette première véritable étape est si importante. Si un cheval n'est pas bien sociabilisé, manque de confiance ou de respect dans ses relations avec les personnes, n'importe quel entraînement sera plus difficile et prendra beaucoup de temps.

## 2. Manipulation quotidienne

Les manipulations quotidiennes que n'importe quel cheval devrait être capable de faire avec facilité et confiance :

- Se laisser attraper
- Mettre le licol
- Rester à l'attache
- Respect pendant les repas
- Donner les pieds
- Pansage
- Se laisser toucher partout, les oreilles, le ventre, la bouche, sous la queue
- Etre mené avec respect
- Céder à la pression (niveau de base)
- Accepter le vermifuge
- Aller se promener à pied
- Confrontation avec l'inconnu et des objets étranges

## 3. Compétences pratiques

Apprendre ces compétences prend généralement un petit peu plus de temps et de pratique mais elles sont vraiment essentielles pour une vie quotidienne sans soucis :

- Se laisser doucher
- Embarquer dans le van
- Etre seul
- Préparation aux seringues/piqûres
- Bandage des membres
- Prise de la température
- Traitement des blessures
- Tonte
- Immobilité sans être attaché
- Utilisation de spray anti-mouches
- Nettoyage des yeux
- Placer le sabot sur le trépied
- Tenir le pied en l'air sur de plus longues périodes de temps
- Se faire prendre les pieds par une personne inconnue

Pensez à apprendre à votre cheval comment gérer l'étrange monde des humains en lui enseignant les compétences de base. Rien de ce que nous faisons avec nos chevaux ne leur vient naturellement. Prenez le temps et faites l'effort de tout apprendre et de tout expliquer à votre cheval. Ce sera la base solide sur laquelle tout le reste sera construit.

## Travail au sol de base

Une base solide montée commence au sol. A travers le travail au sol nous pouvons montrer et expliquer à nos chevaux comment être doux et céder à n'importe quelle pression, ce qui aidera plus tard le cheval à mieux comprendre les aides du cavalier. Nous pouvons apprendre au cheval à avoir confiance quand il est face à des situations effrayantes, et nous pouvons apprendre à notre cheval à avoir une bonne impulsion. Meilleur sera un cheval dans le travail au sol, plus il sera facile à débourrer plus tard. Chaque minute passée avec votre jeune à pratiquer du travail au sol est du temps bien investi.

## Quand vous faites du travail au sol avec un jeune cheval, pensez à ces rubriques :

1. Etablir une communication et un langage
2. Le cheval vous laisse volontiers contrôler ses allures
3. Le cheval vous laisse volontiers le contrôle de sa direction
4. Renforcer la confiance de votre cheval pour qu'il accepte le cavalier et qu'il apprenne à gérer des situations stressantes
5. Préparer physiquement le cheval à porter un cavalier

J'ai débourré ma propre jument, Salimah, seulement quand elle avait huit ans. C'était une poulinière jusqu'à ce que je l'achète. Ses compétences en manipulation de base étaient bonnes, mais elle était très explosive et émotive dès qu'il était question de travailler dans la carrière ou d'être seule. Elle ne savait tout simplement pas comment communiquer avec moi, et c'était la principale raison pour laquelle elle était si émotive. Je savais que si je montais sur son dos avant que nous soyons capables d'avoir un dialogue et avant qu'elle ait confiance en moi pour le contrôle de son allure et de la direction, je serais en réel danger. Je ne voulais pas monter sur elle quand elle avait un de ses débordement émotionnels, pour sûr ! Cela a pris près de quatre semaines pour bien la préparer au sol. Ensuite son débourrage a été facile. Elle avait appris comment me « parler » et à avoir confiance quand je contrôlais son allure et sa direction.

Les problèmes quand on débourre un cheval n'arrivent que quand le cheval n'est pas correctement préparé, que l'on va trop vite ou que l'on oublie des étapes. Pendant le débourrage on demande au cheval d'accepter trois choses, qui sont totalement contre sa nature de proie :

1. Un prédateur est assis sur son dos avec une selle et une sangle, qui lui serre la cage thoracique.
2. Il doit renoncer au contrôle de la direction.
3. Il doit renoncer au contrôle de l'allure ou de la vitesse.

Si ces choses ne sont pas bien expliquées au cheval, il deviendra très probablement craintif et montrera différentes sortes de défenses. Les ruades, un cheval qui s'emballe, la peur et l'inquiétude ne sont pas bénéfiques quand on débourre un cheval.

En donnant au cheval une bonne base au sol, je peux le préparer efficacement à comprendre le procédé du débourrage plus facilement et avec moins de stress. Le débourrage sous la selle devrait être une expérience positive pour le cheval, cela commence longtemps avant que je ne monte le cheval pour la première fois. En fin de compte, le débourrage n'est pas juste quelque chose dans la vie du cheval ; il définira sa perception du cavalier pour le reste de sa vie.

**Un cheval aura de bonnes bases au sol si vous pouvez faire les exercices suivants :**

1. Etablir une communication et un langage
   - Céder à une pression rythmique : reculer, déplacer les épaules, déplacer les hanches, aller en avant et s'arrêter.
   - Le jeu du « Touch-it » : le cheval est envoyé vers un objet et on lui demande de le toucher. Cela développe la communication entre le cheval et l'entraîneur.

## La compréhension est la clé

- Parcours d'obstacles : envoyer le cheval sur des obstacles faciles ; comme une bâche, des barres au sol, un pédestre, un pont à bascule. Cela développe le courage et la communication.

2. Contrôler les allures de votre cheval
   - Aller sur un cercle à droite et à gauche, maintenir l'allure pendant deux ou trois tours sans interférer
   - Transitions montantes et descendantes sur le cercle
   - Reculer grâce à une pression constante
   - Flexion latérale

3. Contrôler la direction du cheval
   - Envoyer le cheval autour de deux repères sur un huit de chiffre au pas et au trot
   - Déplacer les épaules avec une pression constante
   - Déplacer les hanches avec une pression constante
   - Déplacements latéraux avec la barrière et sans la barrière

4. Renforcer la confiance du cheval pour qu'il accepte le cavalier
   - Lancer le stick et la cordelette au-dessus du dos du cheval et de ses postérieurs
   - Secouer un drapeau tout autour du cheval
   - Faire rebondir une grosse balle autour du cheval
   - Poser une balle sur son dos
   - Se placer au montoir

5. Préparer physiquement votre cheval à porter un cavalier
   - Barres au sol au pas et au trot
   - Faire de longues promenades, des trottings
   - Gymnastique sur des sauts en liberté
   - Apprendre à votre cheval la descente d'encolure (sans enrênements)
   - Travailler sur du dénivelé

Ces exercices m'aideront à développer certaines qualités mentales et émotionnelles. Je veux un cheval qui soit connecté à moi, qui soit calme et confiant dans ce que je lui demande. Ce sont des qualités bien plus importantes que d'exécuter des exercices à la perfection mais avec une mauvaise attitude.

## Le Débourrage

A présent, votre cheval est bien sociabilisé, a de bonnes manières dans la vie quotidienne, a de bonnes bases au sol, et est prêt à être débourré. Par où commencer, comment s'y prendre ?

Le secret d'un bon et calme débourrage n'est pas d'avoir un cheval facile. Le secret est d'être capable de décomposer chaque étape en petites étapes qui sont facilement compréhensibles par le cheval. Dès que vous essayez d'en faire trop et d'aller vite, vous précipitez le cheval et c'est là que les problèmes commencent. Un cheval n'a pas besoin d'être dompté ; vous pouvez tout aussi bien travailler avec votre cheval et l'aider à comprendre tous les nouveaux défis. Le temps et la patience sont essentiels pour débourrer un cheval. Les chevaux sont, de nature, très enthousiastes d'être entraînés, surtout si vous prenez du temps au préalable pour développer une relation basée sur de la confiance et du respect mutuel.

Il y a quelques étés, j'ai accueilli une pouliche à éduquer, une irish cob de deux ans appelée Eleven. Elle était devenue beaucoup plus grande et forte que son propriétaire ne l'espérait. Comme c'est si souvent le cas avec les chevaux âgés de deux ans, Eleven a découvert à quel point elle avait de la force et elle est devenue difficile à manipuler – pressante et invasive. Je l'ai eue pendant deux mois. Pendant cette période, j'ai amélioré toutes les bases nécessaires et les compétences pratiques et je lui ai donné de solides bases de travail au sol, gardant en tête qu'elle devait être débourrée l'année d'après.

Une année plus tard, les propriétaires me l'ont amenée pour la débourrer sous la selle. Pendant la première séance, j'ai simplement vérifié ce que la pouliche de trois ans se rappelait de l'année d'avant. Étonnamment, c'était comme si la dernière séance s'était passée la veille, pas plus d'une année avant ! Elle était tellement réactive, confiante, et volontaire pour faire plaisir que ce fut un plaisir de travailler à nouveau avec elle. J'ai pu franchir les cinq étapes du débourrage plus rapidement que d'habitude. La quatrième fois montée, nous sommes allées pour la première fois en extérieur seules. Parce qu'elle avait de bonnes bases au sol, elle progressait bien plus vite et restait calme et confiante tout au long du processus.

Débourrer un cheval demande des compétences. S'il vous plaît, emmenez votre cheval à un entraîneur si vous pensez ne pas posséder les compétences nécessaires. Je sais que c'est le rêve de beaucoup de propriétaires de chevaux de débourrer leur jeune eux-mêmes ; c'est un moment tellement important dans la vie de votre cheval, vous ne voulez pas que quelque chose se passe mal. Prenez les bonnes décisions et ayez recours à une aide compétente ou emmenez votre cheval chez un entraîneur en qui vous avez confiance et qui partage vos valeurs.

**Le débourrage consiste en cinq étapes :**

- Accepter la sangle
- Accepter la selle
- Accepter le cavalier
- Accepter et respecter les indications du cavalier
- Accepter et comprendre le mors (si voulu)

## 1. Accepter la sangle

Un cheval n'a pas besoin de ruer quand il apprend à accepter la sangle. Cependant, les chevaux (comme précédemment abordé) sont de nature claustrophobe, c'est pourquoi tant de chevaux réagissent en ruant quand ils sont sanglés pour la première fois. Décomposez cette étape le plus possible et allez doucement. Commencez en utilisant juste une sur-sangle élastique, généralement utilisée pour maintenir une couverture légère en place, et passez à l'utilisation d'un surfaix pour longer ou d'un tapis de monte à cru. Sanglez doucement et progressivement, en déplaçant toujours un peu les pieds de votre cheval entre chaque sanglage.

Vous ne pouvez tout simplement pas savoir comment votre cheval va réagir, donc faites cela dans un environnement sécurisé, comme un rond de longe. Utilisez fréquemment le désengagement des postérieurs pour relaxer le cheval. Ne chassez pas votre cheval sur un cercle pour « qu'il se défoule » ! Allez doucement et laissez-lui comprendre que la sangle ne fait pas peur et ne va pas le blesser.

Mon objectif est que le cheval puisse effectuer correctement tous les exercices au sol quand il est sanglé car cela me montre que le cheval a accepté la sangle et se relaxe.

## 2. Accepter la selle

Porter une selle à la place de seulement une sangle peut faire une grande différence pour certains chevaux. Une selle bouge, et le cheval peut donc voir les quartiers de la selle bouger quand il trotte et galope. Les étriers rebondissent contre sa cage thoracique. Ces deux facteurs peuvent beaucoup inquiéter certains chevaux.

L'objectif est que le cheval puisse trotter, galoper et faire un petit saut avec la selle sans devenir tendu et sans ruer.

Le cheval devrait se détendre quand il a une selle. Seulement ensuite, le cheval sera prêt pour la prochaine étape.

## 3. Accepter le cavalier

C'est LA plus importante étape lorsque l'on débourre un cheval. Un cheval doit avoir 100 pour cent confiance dans le cavalier qui est sur son dos. Même si le cheval n'a qu'un minuscule doute, cela amplifiera ses réactions à chaque fois que vous serez dans une situation difficile. Votre cheval doit être totalement relaxé quand vous êtes sur son dos.

Si le cheval ne reste pas immobile au montoir quand je veux monter, je sais qu'il manque de confiance. L'objectif, donc, est que le cheval se positionne au montoir et attende patiemment que je monte et que je vérifie ensuite la flexion à gauche ou à droite. Il est connecté et détendu quand il garde la tête basse et cligne continuellement des yeux.

Une fois cette étape accomplie, je peux aider le cheval à m'accepter en tant que passager au pas et trot. Notez que j'ai écrit *passager* – je ne donne pas encore d'instructions. L'objectif pour le cheval est de trouver le mouvement en avant et de retrouver son équilibre naturel avec le poids du cavalier. Certains chevaux ont du mal à se porter en avant pendant les premières fois montées. Le cheval doit tout simplement découvrir qu'il peut toujours bouger normalement avec le cavalier sur son dos.

Je peux faire cela soit avec une personne au sol qui longe le cheval, soit par mes propres moyens lorsque que je monte dans un rond de longe ou une petite carrière. Quelquefois, je demanderai aussi à un ami de monter un cheval calme devant moi. Mon objectif est de sentir le cheval marcher et trotter librement et dans la détente.

Pendant cette étape, je veux vérifier les exercices suivant de ma liste :

- Flexion latérale
- Reculer
- Prendre le trot grâce à un claquement de langue et avec une légère tape sur les postérieurs ou les épaules
- Désengager les postérieurs
- Transitions pas-trot
- Ralentir jusqu'à l'arrêt quand je me détends

## 4. Accepter et respecter les directions

Une fois que le cheval est mis en avant et qu'il a compris qu'il peut marcher et trotter avec le cavalier, il est prêt à apprendre les directions. Maintenant c'est le moment d'appliquer tous les exercices préparatoires sur les allures et la direction en selle.

Globalement le cheval apprend deux choses :

- Suivre mon énergie
- Suivre mon focus

Maintenant il doit apprendre à comprendre et suivre mes instructions plus précisément : s'arrêter et repartir, aller à gauche et à droite.

Mon objectif pour cette étape est de monter le cheval à toutes les allures. Le cheval répond volontiers quand je lui demande d'avancer et s'arrêter en douceur quand je me détends et que j'arrête de monter. Le cheval tourne volontiers à gauche et à droite aux trois allures. Pendant cette étape, je veux vérifier les exercices suivant de ma liste.

> *« Suis mon énergie » est toujours prioritaire sur « suis mon focus ». Je m'assure toujours que je peux demander à mon cheval d'avancer et de ralentir avant que je puisse travailler sur la direction*
>
> – GABI NEUROHR.

A. Suis mon énergie :

- Transitions d'allure simples (montantes et descendantes)
- Extérieur avec la compagnie d'un cheval calme
- Arrêt d'urgence (aux trois allures)
- Maintenir l'allure au trot
- Reculer du trot
- Transitions faciles vers le galop
- Galop en extérieur
- Galop en carrière
- Suivre la piste sans avoir à faire trop de rectifications

B. Suis mon focus :

- Cercles de 20m (ils n'ont pas besoin d'être parfaitement ronds pour l'instant)

- Simples changements de direction au trot à travers toute la carrière
- Demi-voltes et voltes de 10m pour travailler sur la direction (l'une ou l'autre n'ont pas besoin d'être parfaites non plus)
- Déplacements des épaules et des hanches
- Les jeux d'un point à l'autre (aller de A à B)
- Déplacements latéraux avec l'aide du mur
- Travail sur des obstacles simples comme des barres au trot
- Couloir de barres
- Slalom
- Huit de chiffre
- Traverser un pont en bois
- Traverser une bâche en plastique

Cette étape prendra entre dix et trente séances montées. Tout dépendra de la personnalité du cheval et de ses dispositions. N'essayez pas de précipiter les choses ; prenez le temps de bien le faire.

## 5. Accepter le mors

Une fois que le cheval comprend comment suivre mon énergie et mon intention, et que je ne dépends pas trop des rênes pour le contrôler, le cheval est prêt à accepter le mors. La fonction première du mors devrait toujours être d'affiner la communication, pas de contrôler le cheval ou de le forcer à adopter une certaine position.

Pour les chevaux que je monte sans mors, c'est soit parce que

> *« Vous pourriez vous demander comment contrôler un jeune cheval sans mors. La clé est d'éduquer et d'établir une forte connexion avec le cheval – cela fonctionnera mieux que n'importe quel outil mécanique »*
>
> *- Gabi Neurohr*

peu importe ce que j'ai essayé, ils détestent tout simplement cela, soit car je n'ai pas besoin d'un mors pour la discipline dans laquelle je concours. Pourquoi utiliser un mors si je n'ai en pas besoin ?

J'introduis le mors assez tard pour une raison : la bouche n'est pas seulement la partie la plus sensible du corps cheval, c'est aussi la zone la plus sensible émotionnellement. Quand il est débourré, le cheval est confronté à beaucoup de nouvelles impressions. Ajouter le mors tôt peut amplifier les réactions négatives au débourrage. Si vous voulez que tout soit facile et sans stress pour votre cheval, introduisez le mors plus tard.

Si jamais vous choisissez de monter avec un mors et que vous voulez que votre cheval l'accepte avec confiance et sans réaction de défense, aidez votre cheval à maîtriser ces trois choses :

- Accepter le filet, prendre le mors
- Porter le bridon
- Comprendre et respecter l'action du mors : directionnelle, transitions descendantes, flexion

## Fin du débourrage

Un débourrage est fini quand vous pouvez :

- Monter votre cheval aux trois allures dans la carrière et en extérieur ;
- Vous pouvez faire des changements de directions simples, des cercles imparfaits et faire un parcours simple d'obstacles ;
- Vous avez une solide base de confiance et de compréhension entre votre cheval et vous en tant que cavalier.

En général, cela prend entre quinze et trente fois montées, selon votre niveau de compétence et la disposition du cheval. Maintenant vous êtes prêt à continuer le voyage en donnant à votre cheval un solide entraînement de base.

## Entraînement de base

Le débourrage donne au cheval une introduction à son nouveau travail de cheval de selle. Il est très important que sa première impression soit bonne, mais cela signifie aussi que rien n'est acquis. Le cheval n'a pas encore l'expérience et les kilomètres nécessaires pour être un partenaire fiable, « fonctionnel ».

Je vois cette idée fausse tellement de fois. Tant de personnes s'attendent à ce que le cheval soit pleinement fonctionnel après qu'il/elle a été débourré ou après trente jours d'entraînement ; en fait, après avoir été débourré, il a besoin d'un bon entraînement de base. Malheureusement, je vois beaucoup de chevaux commencer une spécialisation juste après qu'ils ont été débourrés.

Au travers de beaucoup d'heures en selle et de beaucoup de répétitions, j'affine la compréhension du cheval de mes aides, de mon assiette, de mes jambes et de mes rênes. J'enseigne au cheval à travailler avec une biomécanique saine, cad., s'incurver et travailler la mise en place. J'améliore la maniabilité du cheval à travers les mouvements latéraux.

Pendant l'entraînement de base, le cheval apprend à comprendre des exercices plus complexes, comme comment s'enrouler autour de la jambe intérieure et comment exécuter des demi-arrêts. Le cheval apprend également à conserver sa responsabilité en maintenant l'allure et la direction sur des cercles et des lignes droites. Cela aidera à développer une bonne impulsion, ce qui veut dire un cheval qui travaille dans un rythme régulier, sans se précipiter et sans ralentir.

Pendant les deux ans suivant le débourrage, j'expose le cheval à toutes les situations différentes possibles, comme aller en extérieur, faire des lignes de gymnastique et du travail à l'obstacle, faire du dressage, du tri de bétail, être monté dans les écuries voisines, et des petites compétitions. J'apprends au cheval à être courageux et à avoir confiance en moi dans des situations différentes. Ce qu'un cheval peut faire à la maison ne s'applique pas nécessairement dans un environnement différent. Le cheval apprend à devenir votre partenaire par l'expérience de la vie. Mon but est de créer une base solide et bien équilibrée qui me serve peu importe quelle discipline je choisirai plus tard. Je veux que l'on devienne des partenaires.

## Compétitions niveau débutant

Les compétitions pour les jeunes chevaux relèvent de la formation de base. Les spécialisations commencent aux compétitions de niveau moyen. Idéalement, un cheval de dressage devrait être capable de sauter un petit parcours d'obstacle, un cheval d'endurance devrait être capable de faire un concours de dressage à petit niveau.

Peut-être que vous n'avez pas l'ambition de faire de la compétition à long terme, et c'est bien aussi. Néanmoins, je pense qu'il est important de donner à votre cheval le plus d'impressions possibles. Exposez-le, donnez-lui de l'expérience de vie, donnez-lui les heures sous la selle dont il a besoin pour devenir le partenaire fiable et polyvalent dont vous avez toujours rêvé. Une petite compétition à l'extérieur par ci par là, juste pour prendre de l'expérience, en vaut largement la peine. Ou emmenez-le simplement dans les écuries voisines et rejoignez un groupe de randonneurs là-bas.

# La Feuille de route basée sur l'âge

Imaginons la voie de développement parfaite pour un cheval : soit vous avez eu un poulain de votre jument soit avez acheté un poulain sevré, et vous avez l'opportunité de construire une base saine dès son plus jeune âge. Ce qui suit est un aperçu du scénario idéal pour l'apprentissage en fonction de l'âge.

## Jusqu'à un an : manipulation basique et compétences pratiques

Objectif premier : développer une relation positive avec les humains et apprendre les règles de base de la vie en communauté.

Voici toutes les tâches quotidiennes que vous pouvez enseigner à un poulain dès le premier jour. Dans l'ordre chronologique, cela ressemblerait à ceci :

- Accepter d'être touché et gratté
- Se laisser attraper
- Pansage
- Se laisser licoler
- Donner les pieds
- Suivre en main
- Accepter le vermifuge
- Respect au moment des repas
- Céder à la pression
- Confrontation avec des objets inconnus/étranges
- Faire des balades avec sa mère

L'ordre changera avec tous les poulains, selon le caractère et les dispositions. A l'âge d'un an, un jeune devrait être facile à manipuler lors des activités de la vie quotidienne. Il est facile à attraper et à licoler, il suit bien dans son périmètre défini, il est confiant quand on lui pare les pieds, il est respectueux pendant les repas, il sait comment se comporter avec les gens, il est en confiance mais pas envahissant ni méchant, il bouge quand on lui demande de se pousser et ne pousse pas contre la pression.

Certains chevaux sont plus confiants que d'autres et viendront volontiers en balade seuls avec vous – c'est un plus mais ce n'est pas indispensable à cet âge. Ce ne sont que des bébés et ils dépendent toujours beaucoup de la compagnie des autres chevaux. Assurez-vous qu'ils grandissent avec la compagnie des autres chevaux, à l'extérieur là où ils peuvent courir et jouer. Le confinement et la solitude sont extrêmement néfastes à cet âge.

Ne forcez rien à cet âge. Donner à votre bébé le temps de devenir mature, de grandir et de devenir peu à peu plus confiant et expérimenté.

## 1-2 ans : Progresser sur la manipulation de base et les compétences pratiques

Objectif premier : développer une relation positive en quittant le troupeau et en passant du temps avec un humain.

Les poulains ressemblent beaucoup à des enfants pré-adolescents. Ils sont joueurs et impatients d'explorer, et ils ont toujours leur innocence enfantine. Ils commencent à devenir plus indépendants mais ils préfèrent toujours retourner vers leurs amis ou parents/protecteurs quand ils ne se sentent pas en sécurité.

C'est l'âge parfait pour commencer à l'emmener seul en balade et pour développer un certain niveau d'indépendance. Allez ensemble à la découverte du monde. Montrez-lui le plus de choses possibles. Prenez un deuxième cheval avec vous au début pour être sûr de ne pas le pousser au-dessus de sa limite émotionnelle, de la zone rouge (plus d'informations sur cela dans le chapitre 12). Il devrait grandir dans la confiance et terminer chaque promenade avec un bon sentiment.

Dans votre processus d'apprentissage, avancez dans les compétences de base et apprenez de nouvelles compétences pratiques.

En avançant dans les compétences de base, par exemple, votre poulain apprendra à trotter en main et à se synchroniser avec vous. Il apprendra à tenir ses sabots plus longtemps lors du parage. Il commencera à rester immobile au pansage sans être attaché.

C'est désormais le bon moment pour commencer un léger travail au sol avec votre poulain, où il devra apprendre les déplacements de base et certains exercices qui développent la confiance.

Efforcez-vous de tout améliorer par la répétition et récompensez-le au bon moment.

Il devra apprendre les compétences pratiques. Soyez patient quand vous les lui enseignez, allez doucement et en toute décontraction. Votre jeune devrait apprendre à :

- Accepter la douche
- Etre en confiance avec la tondeuse et le spray anti-mouches
- Accepter d'être attaché
- Rester immobile sans être attaché pour le pansage
- Accepter de monter dans le van
- Préparatifs à l'intervention du maréchal-ferrant
- Accepter les manipulations du vétérinaire (seringues, prise de température, applications des bandages, vérification des yeux)

Toutes ces compétences sont plus faciles à apprendre à cet âge, mais ne vous souciez pas de les rendre à 100 pour cent parfaites pour l'instant. Tout ce que vous voulez c'est que votre cheval essaie, comprenne et soit en confiance. Acceptez quand il vous dit que c'est trop. N'hésitez pas à prendre un deuxième cheval avec vous qui peut donner au jeune cheval un peu plus de confiance, surtout pour les exercices comme le chargement en van, l'attache, la douche, ou partir pour de longues balades. Pensez à toutes les manières possibles de rendre l'apprentissage simple et même amusant pour votre jeune.

Gardez toujours l'objectif premier en tête et ne vous perdez pas dans les exercices.

## 2-3 ans : travail à pied de base

Objectif premier : construire une association positive avec l'apprentissage et les carrières.

Beaucoup de jeunes auront une phase de rébellion à cet âge. Ils découvrent leur force et souvent ils découvrent qu'ils peuvent dominer un membre du troupeau plus jeune ou plus faible. Leur confiance grandit, donc naturellement ils veulent voir ce qu'ils peuvent faire.

Vous pouvez comparer un cheval de deux ans à un adolescent. C'est l'âge où ils se font leurs propres opinions et deviennent de plus en plus indépendants et prennent confiance en eux. Mais le monde peut encore s'effondrer de temps en temps, et ils ont besoin de la sécurité et de l'amour rassurant de la famille. Soyez prêt à traverser cette étape avec confiance. Ne soyez pas désespéré ou frustré – cela passera.

Pendant cette année, vous pouvez préparer votre cheval à son débourrage sous la selle. Faites beaucoup de travail au sol pour booster sa confiance et créez une communication afin qu'il vous autorise volontiers à contrôler ses allures et sa direction. Vous pouvez aussi lui apprendre le travail en dextre si vous avez un cheval plus vieux et fiable à monter. Vous pouvez déjà l'habituer à la sangle et à la selle. Si vous avez les compétences, vous pouvez lui apprendre les longues rênes, ce qui est une bonne préparation pour plus tard, pour la monte.

Jusqu'à deux ans et demi, vous pouvez aussi commencer doucement à préparer votre cheval à être physiquement apte pour la prochaine étape. Vous pouvez l'aider à être bien coordonné, à activer et renforcer les bons muscles pour porter plus tard le cavalier. Le travail sur les cavalettis, les trottings, les balades tout terrain, et le travail de dressage en main avec un caveçon sont des façons fantastiques de préparer physiquement votre cheval.

Prenez votre temps et n'en faites pas trop : votre cheval grandit toujours ! Ne surmenez pas votre cheval et ne le faites pas transpirer excessivement, surtout pas quand vous travaillez sur un cercle ! Certains chevaux sont assez matures physiquement pour commencer doucement un petit travail, tandis que d'autres sont plus tardifs dans leur développement. Garder en tête que la maturité du squelette n'est pas complète avant cinq ans et demi à six ans. Certaines plaques de croissance grandissent jusqu'à l'âge de sept ans. Cela ne veut pas dire que vous devez attendre que votre cheval ait six ans pour le travailler, mais il n'y a pas de problème si vous attendez jusqu'à ses trois ans voire même jusqu'à ses cinq ans avant d'introduire un travail régulier. Ecoutez votre cheval et assurez-vous que vous avez tout d'un point de vue nutritionnel quand vous intégrez le travail. Avant que le travail normal ne commence, laissez-le se socialiser et être un cheval.

## 3-4 ans : le débourrage

Objectif premier : construire une association positive avec le fait d'être monté

C'est l'année la plus excitante - c'est le moment de débourrer votre cheval sous la selle. Que vous le fassiez vous-même ou que vous envoyiez votre cheval chez un entraîneur de confiance, c'est une grande étape. Gardez à l'esprit, cependant, qu'un cheval n'est pas entièrement développé jusqu'à ses cinq ou sept ans ; donc, vous ne voulez que le débourrer, pas le travailler.

Cela fonctionne bien d'avancer en série de deux mois : deux mois de travail, deux mois de repos. Avec certains chevaux, je ne monte que dix fois et ensuite je laisse le cheval retourner au pré pour six mois afin qu'il finisse sa croissance. Si tout est bien fait et que le cheval est entièrement impliqué dans le processus, il n'oubliera rien. A chaque fois que je les monte à nouveau, même si c'est une année entière plus tard, tout en est là où je me suis arrêtée.

Avant de débourrer votre jeune, vous devez être sûr que votre cheval est physiquement et mentalement prêt pour ce nouveau défi. Voici une checklist avant de commencer à débourrer votre cheval :

1. **Examen dentaire.** Programmez la visite d'un dentiste équin qualifié si vous souhaitez monter votre cheval avec un mors (veillez à ce qu'il n'ait pas de dents de loup).
2. **Examen ostéopathique.** Faites contrôler votre cheval par un ostéopathe pour être sûr qu'il n'ait pas de blocages dans son corps lui causant un inconfort. L'ostéopathe vous aidera aussi à évaluer si votre cheval est assez fort et prêt pour porter un cavalier. Certains jeunes n'ont pas les bons muscles et ont besoin, d'abord, de mieux développer leur biomécanique et d'apprendre à utiliser leur corps de façon à ce qu'ils puissent supporter et équilibrer le poids d'un cavalier.

3. **Examen des sabots.** Assurez-vous à l'avance que les sabots sont en bon état et que votre cheval est à l'aise sur ses pieds.
4. **Estimation du poids.** Assurez-vous que votre cheval n'est pas trop maigre. Le fait de travailler représente beaucoup pour les jeunes chevaux. Ils grandissent toujours et auront besoin d'un peu plus de nourriture pour compenser l'effort physique supplémentaire.

Une fois que vous avez vérifié tout cela, vous êtes prêt à commencer !

Le processus du débourrage du cheval est un moment important, peut-être le plus important moment dans la vie de votre cheval – tellement de nouvelles impressions, de nouveaux défis, de nouvelles sensations, de nouvelles données. Assurez-vous d'offrir à votre cheval beaucoup de régularité pendant cette période. Pour les meilleurs résultats d'apprentissage et les meilleurs progrès, travaillez votre cheval trois à six fois par semaine. Les séances n'ont pas besoin d'être longues ou intenses, mais elles doivent être régulières et bien structurées. Offrez à votre cheval le confort et l'assurance d'un rythme régulier.

Si vous laissez votre cheval à un entraîneur, il/elle prendra soin de cela. Si vous décidez de faire cette étape par vous-même, choisissez une période pendant laquelle vous pouvez passer beaucoup de temps avec votre cheval ; par exemple, les vacances d'été.

Je ne peux pas le souligner assez : le débourrage est l'événement le plus important dans la vie de votre jeune ! Choisissez judicieusement le bon moment pour cela. Vous devez pouvoir monter au moins dix fois dans une courte période de temps. Faites cela bien, investissez du temps, et investissez dans un soutien compétent.

En progressant étape par étape, vous vous déplacerez doucement jusqu'à la prochaine étape de développement.

## 4-6 ans : entraînement de base

Objectif premier : faire du cheval un cheval bien équilibré et polyvalent qui adore son métier et qui est plaisant à monter.

Maintenant c'est le moment de « mettre les bouchées doubles », comme beaucoup de gens aiment le dire. Cela prend approximativement deux ans de travail régulier à un cheval pour bien connaître son métier.

Pendant ces deux ans, vous apprenez à votre cheval de bonnes et solides bases. Il y aura beaucoup de routine et de répétition. Il est facile de tomber dans le piège de juste monter et de ne pas avoir un réel plan. Vous devriez toujours suivre un plan, avoir un objectif et garder toujours une vue d'ensemble en tête. Les progrès sont lents pendant cette étape, ou ils semblent l'être. Il est facile de perdre le fil ou d'être frustré car vous ne voyez pas les progrès autant que dans les étapes précédentes.

Pendant l'entraînement de base, il est question d'améliorer la qualité des compétences existantes.

Ce qui aide beaucoup est de s'en tenir à un seul sujet pendant trois mois et ensuite de passer au suivant. Sur ce planning, une année ressemblerait à ceci :

1. **1-3 mois** : apprendre au cheval à bouger avec cadence et décontraction aux trois allures et à faire toutes les figures de manège. Concentrez-vous sur la décontraction tout en gardant de la réactivité. Pour éviter que le travail ne devienne trop intense, jouez avec le cheval à pied ou en liberté à chaque deuxième ou troisième séance.
2. **4-6 mois** : concentrez-vous sur l'extérieur. Pour maintenir et avancer le travail des trois mois précédents, variez entre travail en carrière et travail en extérieur.
3. **7-9 mois** : concentrez-vous sur le travail des lignes. Faites du travail sur des cavalettis au pas, au trot et peut-être au galop tout en gardant la qualité que vous avez travaillée pendant les trois

premiers mois. Je ferais une séance en extérieur et une séance à pied chaque semaine.
4. **9-12 mois** : allez monter dans les écuries voisines une fois par semaine si cela est possible. Répartissez le reste des séances de la semaine entre les autres thèmes abordés précédemment.

Pendant l'entraînement de base, vous souhaitez continuer à travailler régulièrement mais vous n'avez pas besoin de travailler votre cheval aussi régulièrement et souvent que pendant le début de son débourrage. Trois séances par semaine sont assez pour faire beaucoup de progrès. Bien sûr, si vous réussissez à y consacrer plus de votre temps, c'est tant mieux ! Gardez simplement à l'esprit que votre cheval grandit toujours et a besoin de jours pour récupérer après des journées d'exercices intenses. Gardez un planning qui équilibre la variété et la régularité.

Pendant la deuxième année, vous souhaitez aller plus profondément dans chaque domaine et exposer votre cheval à plus d'environnements nouveaux, peut-être aller faire quelques premiers concours pour vous faire plaisir si cela vous intéresse. Ou aller faire une randonnée d'une semaine avec quelques amis. Gardez un travail occasionnel tout en cherchant constamment à améliorer la compréhension des aides, la biomécanique et la condition émotionnelle, mentale et physique de votre cheval.

Si vous choisissez de spécialiser votre cheval dans une discipline après cet entraînement, vous démarrerez avec un cheval qui a un large éventail de compétences de base, et elles progresseront rapidement dans la discipline de votre choix.

Parallèlement, choisissez tout simplement de spécialiser votre cheval à être votre ami et votre partenaire de loisir, amusez-vous en liberté, allez faire de longues randonnées, ou prenez beaucoup de plaisir à pied. Il est important d'avoir un bon entraînement de base surtout pour nos partenaires de loisir. Aidez votre cheval à comprendre toutes les activités que vous voulez entreprendre ensemble.

Rappelez-vous, suivre un plan clair veille à ce que votre cheval ait une base solide pour la vie. Le plan garantit que votre cheval est toujours prêt pour passer à l'étape suivante. Votre cheval comprendra la prochaine étape facilement, il se sentira performant, heureux et satisfait et il deviendra un élève heureux.

Quand les étapes sont trop grandes ou que les étapes précédentes sont ignorées, le cheval réagira de manière défensive à cause du manque de compréhension. En bref, la plupart des drames, des explosions émotionnelles et des défenses peuvent largement être prévenus en suivant un plan clair, étape par étape.

## Exercice : Créer votre plan

Utilisez un journal ou un calendrier, faites un plan basé sur les compétences ou sur l'âge de votre cheval. Vous pourriez, par exemple, dédier chaque mois à un certain thème. Écrire cela sur un papier aidera à rendre le processus plus concret et réalisable.

Prenez le temps de construire une solide base à partir de rien, étape par étape, et vous vous épargnerez à vous et à votre cheval beaucoup d'ennuis et de temps plus tard. Vous pourrez mieux apprécier votre cheval si vous lui consacrez ce temps dans les premières années de sa vie.

# Créer un plan d'entraînement solide

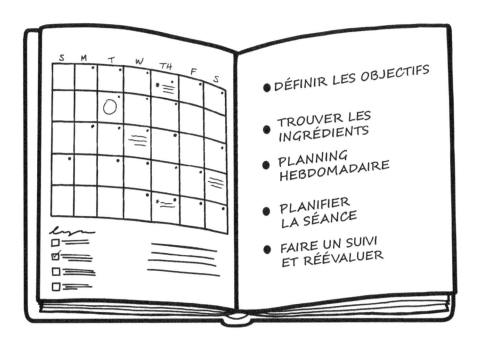

Jusqu'à maintenant vous avez beaucoup appris sur la façon dont les chevaux apprennent, leur façon de penser, et leur perception du monde. Vous avez exploré vos propres motivations et ce qui vous anime et vous avez un peu plus découvert ce qu'il en coûte pour devenir un propriétaire responsable. Il est maintenant temps de passer à la pratique et d'apprendre comment appliquer tout ce que vous savez désormais à la vie quotidienne avec votre cheval.

Comment gravir le Mont Everest ? Etape par étape. Parfois la taille de la montagne devant nous nous fait perdre espoir et la peur de l'échec nous paralyse. Ou bien nous y allons, plein d'enthousiasme mais sans vrai plan et nous n'avons plus d'énergie aussitôt que les premières difficultés apparaissent sur notre route.

Pour éviter d'être submergé par toutes les informations et tout ce que vous devez prendre en compte, avoir un plan est crucial. Être structuré et garder une trace des progrès et des problèmes vous met en condition pour réussir. En planifiant, vous vous assurez de garder la bonne route, de faire constamment de petits pas vers votre objectif. Cela vous donne à vous et à votre cheval une structure à laquelle vous accrocher, même si votre instructeur/coach est loin ou que vous n'avez pas l'argent nécessaire pour vous offrir des cours régulièrement.

En faisant un plan, vos objectifs deviennent atteignables, une étape après l'autre. Si vous ne planifiez pas, vos objectifs restent des rêves et vous leur courrez après pour toujours.

## Les Objectifs doivent être SMART

C'est un concept de gestion énormément utilisé que j'ai appris il y a de nombreuses années et qui m'a aidé à avoir des objectifs très clairs.

Vos objectifs devraient être

- Specific (précis)
- Measurable (mesurables)
- Attainable (accessibles)
- Relevant (pertinents)
- Time-bound (assortis de délais)

## Specific (précis)

Vous pouvez dire quelque chose comme : « je veux améliorer la relation ». Mais à quoi voulez-vous que votre relation avec votre cheval ressemble, que voulez-vous qu'elle vous fasse ressentir ? Comment votre cheval va-t-il se comporter avec vous ? Soyez précis dans la description de votre objectif, et soyez clair à propos de ce que vous voulez réussir. Soyez aussi précis dans les exercices. Combien de pas latéraux, combien de foulées de galop, combien de kilomètres par randonnée ? Définissez tout.

Vous pouvez vous poser ces questions : qu'est-ce que je veux accomplir ? Où ? Comment ?

## Measurable (mesurables)

Fixez des objectifs pour ce que vous verrez, entendrez, ressentirez et ferez dans la poursuite de votre but. Vous sentir connecté à votre cheval n'est pas mesurable. A quoi ressemblera la connexion ? Que fera votre cheval et comment vous répondra-t-il ? Vous pourriez vouloir améliorer votre confiance en vous lors de randonnées, mais ce n'est pas mesurable. A la place, vous pourriez dire : « je vais faire deux randonnées de trente minutes avec un bon ami chaque semaine. Je me sentirai en confiance ».

## Attainable (accessibles)

Accessible signifie que vos objectifs sont réalistes pour vous et pour les capacités de votre cheval. Cela veut dire que vous n'essayez pas d'enseigner à votre quarter horse d'aller faire des concours de saut d'obstacles à 1.10m. Maintenant, peut-être qu'un objectif que vous fixez dans cinq ans semble inaccessible, mais il sera à portée en atteignant des objectifs que vous posez tous les trois mois. Aussi, est-ce que votre objectif est accessible avec vos ressources financières ? Avec le temps que vous pouvez y investir ? Avec votre niveau actuel de compétences ?

### Relevant (pertinents)

Un objectif particulier que vous vous êtes fixé est-il vraiment pertinent par rapport à l'objectif principal que vous voulez atteindre ? Est-ce qu'il vous conduit dans la direction que vous voulez ou vous en éloigne-t-il ? Demandez-vous pourquoi vous voulez atteindre cet objectif spécifique. Quel est l'objectif derrière le but et le but vous aidera-t-il vraiment à atteindre cet objectif ?

### Time-bound (assortis de délais)

Définissez un délai pour atteindre votre objectif. Cela vous aidera à faire la transition entre faire des plans et agir. Je travaille très bien lorsque j'ai une pression à cause du temps. Je sais que ce n'est pas la façon de fonctionner la plus intelligente, mais m'imposer une date butoir pour terminer une tâche m'aide à m'y mettre et à m'y plonger. Bien sûr, votre cheval est au centre du calendrier, vous devez donc le garder réaliste pour lui, votre vitesse d'apprentissage, le temps que vous pouvez sacrifier chaque semaine pour être avec lui. Si vous êtes trop exigeant avec les plannings et vous-même, vous serez trop exigeant avec votre cheval. Définissez un calendrier, mais restez doux et flexible. Ce que vous pouvez faire, cependant, c'est vous engager à passer un temps hebdomadaire avec votre cheval.

## Trouvez votre point de départ

Avant de définir vos objectifs, vous devez trouver votre point de départ. C'est là où vous devez être d'une honnêteté brutale avec vous-même quant aux ressources que vous avez et à la position dans laquelle vous vous trouvez. Mais ne soyez pas trop pessimiste et ne vous retenez pas non plus ! Soyez réaliste.

Evaluez où vous en êtes avec votre cheval maintenant dans ces domaines :

1. Relation
2. Manipulation de base
3. Travail au sol
4. A cheval
5. Objectifs personnels

## Relation

Il est question de faits, pas d'émotions. Si vous vous surprenez à dire des choses comme : « je sens que mon cheval n'aime pas passer du temps avec moi », les émotions peuvent être impliquées. Mais les émotions sont toujours subjectives et varient d'un jour à l'autre. C'est normal d'avoir des émotions, mais dans cet exercice, laissez-les de côté. Vous devez connaître les faits relatifs à votre situation pour avoir un point de départ et pouvoir mesurer vos progrès à partir de là.

## Manipulation de base

Il est question ici des tâches quotidiennes. Votre cheval se laisse-t-il bien mener ? Vous laisse-t-il vous occuper de ses pieds ? Qu'en est-il du chargement dans le van, du respect à l'heure des repas, ou de se tenir immobile pendant le pansage ? A quel point votre cheval est-il sociabilisé avec les chevaux et les humains ? Jetez un œil au chapitre précédent pour avoir la liste complète.

## Travail au sol

Votre cheval vous comprend-il bien quand vous faites du travail au sol ? Votre cheval cède-t-il bien dans toutes les directions, à une pression stable et rythmique ? Votre cheval vous laisse-t-il volontiers le contrôle sur l'allure et la direction ? Votre cheval est-il confiant au contact de toutes sortes de stimuli, comme une bâche, des parapluies, le stick et la cordelette, un drapeau en plastique, etc. ?

## À cheval

Quel est votre niveau à cheval ? Qu'est-ce qui va et qu'est-ce qui ne va pas ? Gardez à l'esprit que vous devez toujours évaluer les faits : *pas d'émotions*. Utilisez un système de notation pour évaluer objectivement chaque aspect des compétences de votre cheval sous la selle. Vous voulez évaluer sa bonne exécution des transitions montantes et descendantes, s'il vous laisse le diriger, s'il répond bien à vos jambes, etc. A-t-il confiance en l'extérieur et à la maison ? Regardez comment il utilise son corps : est-il souple et fort ou se sent-il déséquilibré et raide ?

## Objectifs personnels

Quels sont vos objectifs personnels ? Nous devons avoir beaucoup de connaissances si nous voulons prendre soin d'un cheval correctement. Le soin des sabots, la nutrition, le saddle-fitting, les soins d'urgence, le maniement des outils, les compétences à cheval, etc. La liste est longue. Que savez-vous ? Soyez honnêtes avec vous-même afin de pouvoir prendre les bonnes décisions pour apprendre ce qui est le plus important pour vous et votre cheval. Peut-être souhaitez-vous en savoir plus sur la santé et la nutrition des équidés afin de pouvoir prendre des décisions avisées et ne plus être si dépendant de ce qui est écrit sur l'étiquette du sac de nourriture et de l'avis d'autres professionnels. Ou peut-être souhaitez-vous améliorer votre forme physique et vos compétences à cheval en commençant par des cours de Pilates et en prenant des leçons d'équitation, dans le but d'être plus en forme pour votre jeune cheval une fois qu'il sera assez âgé pour être monté. Définir des objectifs pour votre apprentissage personnel est aussi important que de définir des objectifs pour l'apprentissage de votre cheval.

Si vous avez des difficultés à évaluer les choses objectivement, demandez à un ami de vous regarder, directement ou en vidéo, pendant une séance avec votre cheval pour vous faire une idée.

Vous avez maintenant votre première liste : les faits dans chaque catégorie de la situation dans laquelle vous vous trouvez actuellement.

## Définissez vos objectifs

Désormais, il est temps de définir vos objectifs dans trois listes supplémentaires. Demandez-vous :

- Quel est mon objectif à long terme ou l'objectif le plus important ?
- Quel est mon objectif à moyen terme, ou mon but à atteindre dans un an ?
- Quel est mon objectif à court-terme, ou mon but à atteindre dans trois mois ?

D'abord, définissez vos objectifs à long terme dans chacune des cinq catégories mentionnées précédemment. Ecrivez-les. Le simple fait d'écrire les choses les rend réelles. Les écrire est la toute première étape pour agir de sorte à réaliser vos objectifs.

Maintenant, vous savez ce que vous voulez réussir avec votre cheval dans plusieurs années. Souvenez-vous de ne pas avoir un objectif trop simple. Bien sûr, le cavalier que vous êtes aujourd'hui ne peut pas réaliser cet objectif, mais vous allez évoluer. Le cavalier que vous serez dans plusieurs années n'aura rien à voir avec celui que vous êtes aujourd'hui. Alors, même si vous ne pouvez pas vous imaginer à ce niveau maintenant, ne vous fixez pas un objectif trop petit.

Votre prochaine étape est de déterminer où vous voulez être dans un an. Et ensuite, définissez les objectifs à court terme que vous voulez atteindre dans les trois prochains mois.

Donc maintenant, vous devriez avoir quatre grandes listes :

- Liste 1 avec les faits dans chaque catégorie de la situation dans laquelle vous vous trouvez actuellement.
- Liste 2 avec vos objectifs à long-terme

- Liste 3 avec vos objectifs à atteindre dans un an
- Liste 4 avec vos objectifs à atteindre dans les trois prochains mois

## Trouver les ingrédients

Vous devez maintenant trouver les ingrédients pour vos objectifs. Commençons avec vos objectifs à atteindre dans trois mois ; ceux qui sont les plus proches et que vous devez prochainement aborder.

Lors de l'enseignement d'une tâche à un cheval, vous devez toujours penser à comment vous pouvez isoler, séparer et recombiner.

Prenons l'exemple du chargement en van. Il y a beaucoup de petites préparations que vous pouvez faire loin du van pour préparer votre cheval à être en confiance lorsqu'il marche sur une surface différente et qui fait du bruit, lorsqu'il doit se tenir immobile, lorsqu'il est attaché et qu'il se trouve dans un espace étroit. Si vous préparez tous ces ingrédients avec succès, il y a de bonnes chances que votre cheval monte dans le van assez facilement lorsque vous recombinerez tous les éléments que vous avez pratiqués séparément.

Pensez à tous les ingrédients dont vous avez besoin pour réussir une certaine tâche. SI vous vous entraînez seulement à cette tâche, il y a de fortes chances pour que votre cheval soit confus. Apprenez à tout fragmenter en petites étapes digestes. Une fois que toutes les étapes fonctionnent et que votre cheval les exécute facilement, assemblez-les. Vous verrez que même les exercices difficiles deviennent soudainement faciles.

Une fois que vous connaissez les ingrédients, il vous faut mener à bien une certaine tâche, allez faire le planning de vos séances hebdomadaires. Assemblez les pièces du puzzle les unes avec les autres. C'est un des principaux secrets pour passer du bon temps avec votre cheval : la capacité à couper toutes les tâches complexes en plusieurs petites étapes. Si vous faites cela systématiquement, l'enseignement sera simple pour votre cheval et vous commencerez tous les deux à vous sentir heureux et accomplis après chaque séance.

## Créez votre programme

Faites soit une structure hebdomadaire, soit une structure pour les quatre à sept séances à venir si vous ne pouvez pas passer beaucoup de temps avec votre cheval chaque semaine. La raison pour laquelle quatre à sept séances sont efficaces est que le cheval a besoin de régularité et de répétition. Retournez au chapitre 6 sur l'apprentissage du cheval si vous avez besoin d'un rappel.

Choisissez une tâche dans chaque catégorie de votre liste d'objectifs à réaliser en trois mois. Choisissez celle qui semble la plus urgente et trouvez les ingrédients dont vous avez besoin pour la réussir. Ensuite, mettez les ingrédients dans le plan de vos séances. Voici un exemple d'objectifs sur trois mois pour ma pouliche de deux ans.

1. Relation : elle vient avec moi loin du troupeau sans s'arrêter ou appeler
2. Manipulation de base : elle accepte la douche, elle se tient debout patiemment pour le soin des sabots
3. Travail au sol : elle cède avec légèreté à la pression dans chaque direction, accepte la sangle, se balade seule
4. A cheval : pas encore
5. Objectifs personnels : apprendre le fonctionnement de la biomécanique équine

Voici une liste des ingrédients qu'il faut pour atteindre ces objectifs :

1. Relation : lui rendre visite aussi souvent que possible pour passer du temps avec elle et lui donner des caresses, l'emmener brouter juste à côté du champ, lui apprendre à respecter mon espace.
2. Manipulation de base : lui apprendre à se tenir immobile dans l'aire de pansage (pendant le pansage) sans être attachée, lui masser les membres, lui apprendre à lever le pied en touchant légèrement la châtaigne, qu'elle ait confiance dans la zone de la douche, le bruit et la sensation de l'eau.

3. Travail au sol : l'emmener hors du pré seule mais rester dans un environnement connu, lui apprendre à reculer, à baisser la tête, à désengager ses postérieurs, à accepter le surfaix et plus tard le tapis de monte à cru.
4. A cheval : pas pour l'instant
5. Objectifs personnels : chercher un bon livre à propos de la biomécanique équine

## Un Planning en fonction de la personnalité du cheval

Dans votre structure hebdomadaire, vous devez prendre en compte la personnalité de votre cheval. Est-il plutôt actif et confiant ou peureux et peu sûr de lui ? Un cheval confiant aura besoin de plus de diversité dans son planning hebdomadaire. Un cheval peu confiant aura besoin de plus de régularité et de répétition.

Lorsque vous offrez plus de diversité, vous devez tout de même suivre un plan précis, un objectif principal : ne vous éparpillez pas dans tous les sens. Prenons l'exemple d'un cheval de dix-huit mois qui est très confiant et apprend vite. Disons que j'ai sept séances.

**Jour 1 :** Aller dans le pré, passer dix minutes, mettre le licol, travailler le reculer, puis aller brouter hors du champ et explorer quelques choses intéressantes proches.

**Jour 2 :** Aller dans le pré, passer dix minutes, mettre le licol, travailler le reculer + baisser la tête brièvement, aller dans l'aire de pansage, faire le pansage en travaillant l'immobilité.

**Jour 3 :** Aller dans le pré, passer dix minutes, mettre le licol, reculer + baisser la tête + désengager les postérieurs, aller faire un tour hors du champ pour tout explorer (rester en vue des autres chevaux).

**Jour 4 :** Aller dans le pré, passer dix minutes, prendre un peu de temps pour s'entraîner à mettre la tête dans le licol, reculer + baisser la tête + désengager les postérieurs, aller dans l'aire de pansage, faire le pansage en se tenant immobile, masser les membres et apprendre à les lever lorsque je touche la châtaigne.

**Jour 5 :** Aller dans le pré, mettre le licol, passer à la longe de partout, baisser la tête, reculer, désengager les postérieurs des deux côtés, aller faire un petit tour hors du champ (cette fois un peu plus loin), finir dans l'aire de pansage où l'on travaille l'immobilité pendant le pansage, masser les membres et les lever lorsque je touche légèrement la châtaigne. Lorsque je le ramène au pré, passer dix minutes à brouter devant la barrière.

Utilisez les jours six et sept pour confirmer et affiner.

Avec un cheval peu confiant, vous devez faire en sorte que chaque séance soit presque identique à la précédente jusqu'à ce que le cheval soit en confiance avec cette activité. Ensuite vous pouvez lui apprendre une autre activité, jusqu'à ce qu'il soit confiance avec cette nouvelle activité. Et ainsi de suite. Lorsque vous avez trois activités avec lesquelles votre cheval se sent en confiance, vous pouvez commencer à alterner entre elles.

Ce principe reste le même, quel que soit le niveau d'éducation de votre cheval. Les chevaux confiants ont besoin de plus de diversité dans leur planning hebdomadaire pour qu'ils restent intéressés et mentalement impliqués. Les chevaux peu confiants ont besoin de régularité pour se sentir en sécurité et pour être capables d'anticiper.

## Planifier la séance

Maintenant que vous avez votre planning hebdomadaire, vous devez aussi avoir un plan ou une organisation globale pour votre séance suivante.

Chaque séance est composée de trois parties : l'échauffement, la phase de travail ou d'apprentissage, et le retour au calme.

### L'Échauffement

Cette phase se passe durant les cinq à vingt premières minutes de votre séance, selon les besoins de votre cheval et ce que vous avez prévu de faire. Il ne s'agit pas seulement d'un échauffement physique, mais aussi et surtout d'un échauffement mental et émotionnel. Le but est d'amener votre cheval dans « l'état d'esprit d'apprentissage ».

Que devez-vous faire pour que votre cheval soit connecté à vous, qu'il ait confiance en son environnement, et qu'il soit motivé à apprendre de nouvelles choses ? Peut-être devez-vous commencer par un exercice que votre cheval connaît très bien et aime faire. Ou bien vous devez vous concentrer sur l'apaisement de votre cheval s'il est très excité. Vous voulez que votre cheval veuille faire des efforts pour vous.

Cela sera différent avec chaque cheval, selon sa personnalité et son degré d'éducation. Et ce dont votre cheval a besoin pour être dans un bon état d'esprit d'apprentissage peut changer d'un jour à l'autre.

## Travail/apprentissage

Une fois que votre cheval est connecté, calme, et motivé à travailler, vous pouvez lui apprendre une nouvelle tâche ou travailler sur l'amélioration d'un exercice. J'ai généralement deux ou trois tâches/patterns durant cette phase. Une des tâches/pattern que le cheval a déjà fait environ quatre fois et qu'il sait faire mais où il doit encore s'entraîner. Une des tâches que le cheval a déjà faites environ deux fois auparavant et qu'il commence à comprendre mais qui manque encore de finesse. Et, enfin, une nouvelle tâche. Les tâches peuvent avoir un rapport entre elles ce qui, en général, aide le cheval à comprendre. Vous souhaitez que cette phase soit aussi courte que possible. Courte et efficace vers votre objectif – recherchez de petites améliorations, pas la perfection. Faites en sorte que votre cheval soit fier de ses efforts et faites-lui savoir à quel point il est intelligent.

## Retour au calme

Cette phase marque l'arrêt de l'exercice et le retour au calme. Parfois apprendre peut être excitant, alors il est temps de retourner à un état calme et relaxé. Vous voulez faire quelque chose de facile pour terminer votre séance. Avec un cheval plus éduqué, je vais travailler des cessions précises, juste pour finir la séance sur quelque chose de calme et de reposant pour le corps. Avec un jeune cheval, je pourrais le laisser se rouler ou faire certains de ses exercices favoris. Vous pouvez emmener votre cheval brouter ou aller faire une courte balade que votre cheval connaît.

Les chevaux vont surtout se souvenir du dernier sentiment qu'ils ont eu avant que vous les remettiez dans leur pré. C'est pourquoi cette phase est très importante. Vous voulez que votre cheval finisse la séance avec un sentiment positif.

Voici un exemple pour un cheval d'un ou deux ans :

- Echauffement : passer dix minutes avec le cheval dans le pré, le caresser, mettre le licol.
- Travail : rester immobile dans l'aire de pansage, aller faire une petite balade et toucher tout objet étrange.
- Retour au calme : retourner au pré, brouter pendant dix minutes avant de remettre votre cheval avec ses amis dans le pré.

Voilà un exemple pour un cheval de cinq ou six ans :

- Echauffement : faire le tour de la carrière, faire des transitions, s'arrêter ; marcher, faire attention aux endroits effrayants et les gérer ; s'entraîner de manière ludique à céder aux jambes
- Travail : affiner les transitions trot – galop, serpentines au trot, doubles transitions.
- Retour au calme : marcher rênes longues, s'exercer à tourner seulement avec les jambes, balade de dix minutes autour de la propriété, autoriser le cheval à se rouler.

## Faire un suivi, noter et réévaluer

Gardez une trace de chaque séance et réévaluez votre situation après quatre à sept séances. J'ai un système de notation allant de 0 à 10 pour chaque exercice sur lequel je travaille en ce moment.

Disons que mon cheval, âgé de deux ans, a besoin d'apprendre à patiemment donner ses pieds pour qu'ils soient parés. Une note de 10 serait donnée s'il se tenait parfaitement immobile, qu'il donnait ses quatre pieds et qu'il n'essayait pas de les retirer. Une note de 3 signifie qu'il ne se tient pas immobile de lui-même, ou qu'il se tient immobile seulement trente secondes maximum avant que j'ai à le corriger. Il donne volontiers ses pieds, mais il les retire après trente secondes environ, juste assez pour les parer.

Après cinq à sept séances à travailler là-dessus, je réévalue. Combien de temps peut-il se tenir immobile avant que j'ai besoin de le corriger ? Combien de temps me donne-t-il ses pieds maintenant ? Quelle note puis-je donner maintenant ?

Vous comprenez maintenant pourquoi il est si important d'écrire les détails de chaque exercice : combien de temps, combien de pas, combien de tours, etc., jusqu'à ce que vous ayez à corriger votre cheval. C'est votre guide de référence, et il vous permettra de voir très clairement si vous progressez ou non. Vous aurez souvent l'impression de ne pas progresser du tout, mais la plupart du temps, lorsque vous regarderez les faits relevés un mois auparavant, vous verrez que vous avez en fait bien progressé.

On a tendance à penser qu'il y a du progrès seulement lorsque les choses fonctionnent parfaitement. C'est une mauvaise habitude qu'il faut traiter ! Penser ainsi est frustrant et nous fait stagner, et notre cheval est aussi frustré car nous ne sommes jamais contents.

La perfection est un mensonge. Regardez les progrès que vous faites et soyez-en heureux.

Et si votre note/qualité baissait ? Ce n'est pas grave. Le pire que vous pourriez faire serait de culpabiliser à cause de cela. Prenez conscience de votre erreur et faites un nouveau plan en utilisant des stratégies d'apprentissage différentes pour corriger cela. Apprendre c'est aussi voir ce qui ne fonctionne pas ; c'est tout aussi important. Pas de culpabilité, pas de honte – juste de nouvelles décisions.

Ne laissez pas l'échec vous abattre, vous décourager, ou vous faire arrêter d'aller voir votre cheval. Je sais d'expérience que ces moments peuvent sembler assez sombres. Mais vous connaissez la bonne nouvelle à propos de ces moments ? Ils stimulent votre cerveau pour qu'il trouve une nouvelle solution, pour penser d'une manière nouvelle. Les problèmes sont une source de progrès.

Si les choses deviennent trop dures, vous avez deux choix : abandonner le problème et l'ignorer pendant un long moment ou demander de l'aide pour défaire le nœud.

---

## Exercice :
## Faites votre plan d'action

Le progrès n'est jamais linéaire ; il comporte de nombreux hauts et bas. Faire un plan solide, garder une trace et constamment réévaluer vous aidera à progresser plus rapidement. Vous réaliserez aussi plus tôt lorsque les choses ne vont pas dans la bonne direction, de sorte que vous pourrez vous corriger et ajuster ce qui doit l'être. Il faut de la discipline pour garder une trace, suivre un plan et ne pas juste aller voir votre cheval et faire n'importe quoi avec lui. Personne ne peut vous aider à trouver la motivation pour agir et aller chercher votre rêve ; il n'y a que vous qui le pouvez. Alors, allez-y et faites votre plan d'action !

# Construire la relation de vos rêves

Le processus de formation et d'éducation d'un jeune cheval et de la création du cheval de vos rêves est long et complexe. Beaucoup de personnes pensent à toutes les tâches et choses que le cheval doit apprendre pour maîtriser la vie quotidienne et devenir un fiable cheval de selle, mais il y a un aspect important qui maintient tout ensemble comme de la colle : la relation que vous avez avec votre cheval.

Il n'y a aucun doute sur le pouvoir d'une relation positive avec votre cheval : c'est magique, c'est formidable, et c'est compliqué à décrire ou à expliquer à toute personne qui n'est pas du monde du cheval. Même maintenant, alors que j'écris ces lignes, il m'est difficile de mettre des mots. Je sais juste que si j'ai une relation forte basée sur le respect mutuel et l'amour avec mon cheval, ensemble nous pouvons atteindre de

> *« Il n›y a pas de secrets aussi intimes que ceux d'une fille et de son cheval ».*
> – INCONNU

nouveaux sommets ; ensemble nous pouvons être plus forts, nous pouvons danser, nous pouvons lire dans les pensées de l'autre. Nous pouvons surmonter les zones sombres et les difficultés plus facilement ensemble.

Malheureusement, cette relation n'arrive pas du jour au lendemain. Elle n'est pas là dès que votre cheval emménage. Vous devez la CONSTRUIRE. Vous devez l'alimenter afin qu'elle grandisse au fil du temps. Vous pouvez le faire consciemment, plutôt que de laisser faire le hasard.

## Développez la conscience

Comment voulez-vous que la relation entre vous deux soit ressentie et perçue ? Comment aimeriez-vous que votre cheval se sente et se comporte avec vous ? Que souhaitez-vous pour vous-même ? Comment voulez-vous interagir l'un avec l'autre ?

Je ne sais pas quel type de relation vous voulez avoir. Tout le monde est différent en quelque sorte. Certaines personnes veulent seulement jouer en liberté et rêvent que leur cheval arrive au galop jusqu'à la barrière. Cela ne les dérange pas trop si parfois le cheval ne suit pas leurs idées.

D'autres personnes peuvent accorder plus d'importance à ce que leur cheval soit respectueux à tout moment, qu'il soit fiable dans la vie quotidienne et quand il est monté. Le fait que leur cheval les accueille à la barrière n'est peut-être pas si important pour eux.

Et puis il y a la troisième option, dans laquelle le cheval vient toujours à votre rencontre à la barrière *et* est un partenaire respectueux et fiable. L'un n'exclut pas nécessairement l'autre. C'est le niveau ultime que j'aime atteindre. Vous devez décider lequel vous souhaitez. Dessinez-vous une image mentale de l'amitié que vous voudriez avoir avec votre cheval.

Bien sûr, cela dépend aussi beaucoup de chaque cheval. Mais vous êtes le leader ; vous formez et construisez la relation car les chevaux imitent naturellement les émotions et les attitudes. Alors, comment voulez-vous que cette relation soit vécue ? Vous devez avoir cette image mentale et ce sentiment avec vous à tout moment.

## Rappelez-vous que vous êtes aussi important que votre cheval

Pour qu'une amitié fonctionne, chaque individu a besoin de se sentir important. Quelquefois, nous les propriétaires de chevaux, surtout les femmes, mettons notre cheval sur un piédestal et nous essayons de tout faire pour le cheval. Nous pouvons penser : « il ne voulait pas le faire exprès » ou « il a eu peur, c'est pour ça qu'il a sauté sur mon orteil » ou « il a été distrait, il ne pouvait donc pas écouter ». Nous avons tendance à rendre nos chevaux beaucoup plus importants que nous.

Que diriez-vous de vous donner une certaine importance à vous-même et à ce que vous voulez aussi ?

Soyez authentique avec votre cheval et ne dissimulez pas vos désirs et vos limites juste pour lui faire plaisir ou pour éviter de le contrarier. Si vous laissez votre cheval vous marcher dessus, il le fera juste parce qu'il le peut. C'est vous qui devez lui rendre la tâche impossible et lui faire comprendre très clairement que vous aimeriez être respecté en tant que personne, tout comme vous respectez votre cheval.

Soyez naturel, soyez vous-même, ne simulez rien ou vous ne pourrez alors pas tenir longtemps. Soyez authentique et ne perdez jamais de vue votre objectif final. Votre cheval est aussi lui-même avec vous, exprimant toutes ses pensées et ses sentiments, sans filtre. Faites-en de même et soyez naturel, soyez vous-même.

## Les Quatre étapes de la relation

La relation de rêve harmonieuse n'arrive pas tout de suite. C'est un processus qui se déroule généralement en quatre étapes, et c'est seulement la dernière et ultime étape qui donne l'impression que mon cheval peut lire dans mon esprit et que l'harmonie a été établie.

### Apprenez à vous connaître l'un et l'autre

La toute première étape est d'apprendre à se connaître l'un et l'autre. Vous ne pouvez pas attendre de votre cheval qu'il ait confiance en vous ou qu'il vous respecte immédiatement sans vous connaître. Donnez à votre cheval le temps de se familiariser avec votre odeur, le son de votre voix, votre apparence et votre manière d'agir. Apprenez à connaître votre cheval. Qu'est-ce qui l'inquiète ? Qu'est-ce qu'il/elle aime ou n'aime pas ? Quelle est sa personnalité ?

## Définissez des limites claires

C'est pendant cette étape que beaucoup de personnes disent : « le cheval teste ses limites ». Souvent dans cette étape il y aura des conflits. Qui est celui qui prend les décisions dans la relation quand les choses deviennent compliquées ? Cela devrait être vous, donc pendant cette étape, il est important de définir des limites claires. Soyez sûr d'être très clair sur vos limites et sur qui fait bouger qui. Vous n'avez pas besoin de vous émouvoir ou d'être en colère pour cela ; soyez juste conscient et n'hésitez pas à insister sur vos limites et sur ce que vous voulez.

Cela prend toujours un certain temps pour que tout le monde trouve sa place dans une relation. Donnez à vous et à votre cheval ce temps pour se sentir à l'aise avec les limites de l'autre, ce qu'il aime et ce qu'il n'aime pas. N'ayez pas peur du conflit qui mettra les choses au clair – faites-y face ! Sinon, vous risquez de rester longtemps bloqué dans cette phase plutôt inconfortable. Plus vite vous trouvez le courage pour faire face à la tempête, plus vite cela se termine. Plus vous êtes fidèle au maintien de ces limites, plus vite votre cheval aura confiance en vous et vous respectera.

## Routines

Après que l'éventuelle tempête se soit dissipée et que chacun a trouvé sa place dans la relation, des routines tranquilles peuvent prendre le relai. Des structures claires sont établies et, tous les deux, vous commencez à vous sentir à l'aise ensemble. Vous devenez une équipe et travaillez pour un même objectif. Vous apprenez tous les deux les compétences nécessaires.

Pendant cette étape, vous entraînez et éduquez votre cheval. Vous vous entraînez et vous vous instruisez. Vous grandissez ensemble. Vous connaissez l'autre de mieux en mieux. Votre cheval connaît la routine quand vous venez faire quelque chose ensemble. La plupart du temps, votre temps ensemble est sans stress et sans agitation, à moins que vous ne fassiez quelque chose de nouveau et qui sort de la routine.

## Harmonie

Vous passez beaucoup de temps et faites beaucoup d'efforts pour éduquer votre cheval et vous-même, maintenant vous vous connaissez à la perfection. Vous commencez à vous sentir vraiment en harmonie. Il y a des moments pendant lesquels vous avez l'impression que votre cheval peut lire dans vos pensées. Vous faites confiance à votre cheval, et votre cheval vous fait confiance. Vous devenez une unité et vous vous connaissez à la perfection. Maintenant le plein potentiel de chacun d'entre vous est révélé. Les désaccords ou les disputes et les moments de peur deviennent très rares. Vous êtes synchrones et vous êtes complémentaires.

Tout le monde veut être à l'étape finale le plus vite possible, si ce n'est pas immédiatement. Trop de mes clients sont déçus et le prennent personnellement quand leur cheval ne vient pas en courant ou quand leur cheval teste les limites et n'écoute pas. Ce n'est qu'une étape dans une relation qui se construit ! Je comprends : moi aussi, je souhaite que tout soit toujours très harmonieux.

## Construisez une relation basée sur l'amour et les limites

Maintenant que vous savez comment vous voulez que votre amitié soit et se déroule, comment pouvez-vous laisser cette image mentale prendre vie ? Votre cheval n'a aucune idée de vos plans. En fait, les chevaux sont parfaitement heureux sans nous, humains. S'ils vivent en troupeau, qu'ils ont de la nourriture et de l'eau, qu'ils peuvent bouger et jouer, ils n'ont vraiment pas besoin de nous. Donc, comment pouvez-vous convaincre votre cheval de vouloir passer du temps avec vous sans forcer cela ? Comment faire en sorte que votre idée de la relation devienne celle de votre cheval ?

Il y a deux éléments importants : l'amour et les limites. Ils sont liés. Vous ne pouvez pas avoir le respect sans peur si votre cheval n'est pas en confiance, et vous ne pouvez pas avoir de véritable confiance si vous n'avez pas de limites solides.

Il y a des « personnes d'amour » et des « personnes de respect ». Les chevaux des personnes d'amour sont très amicaux avec les humains mais peuvent être parfois assez envahissants et ne pas écouter quand il faut. Les chevaux des personnes de respect, pour la plupart, écoutent bien et ont de bonnes manières, mais ils remplissent souvent leur devoir avec une mauvaise attitude. Vous devez trouver l'équilibre entre les deux. Cela peut être un véritable numéro de jonglage à certains moments.

Parlons d'abord de l'aspect de l'amour ou de la confiance. Votre cheval à besoin d'avoir confiance en vous, entièrement. Votre cheval doit avoir une opinion positive de vous. Comment pouvez-vous y parvenir ?

Si vous pensez à une autre personne, vous aurez un sentiment positif ou négatif à son égard. Cette association, une fois formée, reste à peu près la même pendant très longtemps. Il faut qu'il se passe quelque chose pour qu'elle change. Nos interactions avec cette personne seront influencées par cette association positive ou négative, que nous le voulions ou non.

C'est la même chose avec nos chevaux. Votre cheval a-t-il des émotions positives à votre égard, ou des plus négatives ? La manière dont votre cheval se comporte avec vous dépend fortement de l'association qu'il a développée. Il sera soit réservé et timide soit ouvert et intéressé.

Dans des termes scientifiques, on appellerait cela le « conditionnement classique ». Vous conditionnez votre cheval à vous voir et à vous percevoir comme quelque chose de positif dans sa vie.

## Passez du temps avec votre cheval sans rien attendre

Aller voir votre cheval et passer du temps sans rien exiger. Ne demandez rien à votre cheval, rien – pas même que votre cheval reste près de vous ou vienne dire bonjour. Soyez simplement avec votre cheval, regardez sa routine et découvrez qui sont ses amis. Quand il veut être proche de vous, trouvez les zones qui le grattent. Donnez-lui beaucoup de gratouilles et soyez son compagnon de toilette. Ou vous pouvez simplement prendre votre cheval et aller le faire brouter. Il s'agit de passer de bons moments avec votre cheval. Faites les choses qu'il aime avec lui. Rapidement, il/elle commencera à avoir hâte de vos visites. C'est ainsi que vous pouvez très facilement ajouter de nombreux points à votre carte des scores de votre relation.

## Soyez le fournisseur, le gardien

Une autre puissante manière de construire une association positive à votre égard est d'être le fournisseur de votre cheval. Si cela est possible, soyez celui qui nourrit votre cheval, qui apporte l'eau. Soyez celui qui prend soin du confort de votre cheval et de son bien-être. Quand vous nourrissez votre cheval, vous pouvez énormément améliorer votre relation. Non seulement vous offrez quelque chose d'agréable, mais c'est aussi une excellente occasion d'établir le respect. Les chevaux établissent naturellement leur hiérarchie sur la nourriture et l'eau.

## Soyez le protecteur

Protégez votre cheval des autres chevaux plus dominants quand vous êtes avec lui dans le pré., Vous pouvez collecter beaucoup de points d'amitié de cette manière, surtout si votre cheval est dans le bas de la hiérarchie. Rapidement votre cheval vous verra comme son havre de paix et comme son leader quand vous serez avec lui. Protégez votre troupeau de deux, comme une jument protège son poulain pour que votre cheval se sente en sécurité avec les autres chevaux quand vous êtes là. Vous pouvez faire quelque chose de similaire quand vous aller vous balader ou en extérieur. Quand votre cheval a peur, marchez et passez entre lui et la source de sa peur. Vous agissez comme une barrière, un protecteur. Votre cheval se sent compris et respecté lorsqu'il a peur, plutôt que poussé et exposé.

## Aimez comme un parent

Nous devons mettre notre cœur dans nos mains et toucher notre cheval avec. Oui, mais aimer notre cheval ne veut pas obligatoirement signifier être toujours gentil. Si vous avez des enfants, vous le savez très bien. Nous devons fixer des limites, donner des limites à nos chevaux. Cela les aidera à savoir où ils se trouvent et à se sentir en sécurité.

## Comment définir des limites saines

La majorité des propriétaires de chevaux que je rencontre sont très bons pour aimer leurs chevaux. Mais ils ne sont pas aussi bons quand il faut poser des limites.

Vous rappelez-vous l'histoire du poney welsh de quatre ans appelé Erowan ? C'était le poneyle plus mignon de tous les temps avec de grands yeux, une jolie tête, et de petites oreilles pointues. Les propriétaires me l'avaient emmené car il s'était mal comporté. En fait, il était devenu assez dangereux pour leur fille de quatre ans. Le père m'a raconté comment Erowan se comportait habituellement quand ils l'emmenaient en balade. Leur petite fille montait Erowan, et le père tenait le poney pour assurer sa sécurité. Mais à chaque fois qu'Erowan voyait quelques touffes d'herbes bien vertes sur le côté du chemin, il allait les manger. Le père m'expliquait : « la seule chose que je pouvais faire c'était attraper rapidement ma fille pour assurer sa sécurité ». Ils n'avaient pas osé poser des limites claires au poney car ils avaient peur de lui faire du mal. Le père était un homme grand et fort ; le poney faisait seulement 1.10m. Il aurait été si facile pour le père de retenir et de bloquer le poney. Il s'agit juste d'une des nombreuses histoires qu'ils m'avaient racontées sur leur poney « incontrôlable ». Ils étaient incapables de poser des limites, et le poney le savait. Il faisait tout ce qu'il voulait, comme un adolescent sauvage et joueur.

Laissez-moi vous poser une question simple. Qu'est-ce qui est le plus important : la sécurité de la fille ou le confort à court terme du cheval ?

Fixer des limites et insister sur celles-ci lors de chaque interaction est tout aussi important pour construire une relation heureuse et saine que d'aimer votre cheval. En fait, cela va de pair. Mais comment pouvons-nous faire cela de sorte que notre cheval n'ait pas peur de nous et de sorte que nous nous sentions bien ? Parce que, regardons les choses en face, vous détestez probablement autant que moi quand vous devez être ferme avec votre cheval.

Ce point a été pour moi une lutte importante pendant longtemps. Je ne voulais pas blesser mon cheval et je ne voulais pas perdre sa confiance. Je me trouvais dans une étrange spirale : ma jument ne voulait pas m'écouter, elle me poussait et m'ignorait complètement. J'essayais de rester calme et patiente pendant un certain temps jusqu'à ce que ce soit trop, et quand je fixais enfin des limites, je faisais cela trop fermement. Et cela signifiait que j'avais exactement ce que je voulais éviter : ma jument avait peur de moi et je me sentais mal.

Un jour, j'ai pu observer une jument plus vieille et expérimentée avec quelques poulains, elle était leur nourrice. Tous les poulains semblaient comme par magie la respecter mais sans avoir peur d'elle. Là où les poulains s'amusaient parfois à mordre ou à botter les autres, ils ne le faisaient jamais avec elle. Elle avait cette incroyable présence et n'avait pas besoin de s'affirmer physiquement. Calme, souveraine, sûre d'elle, elle savait exactement comment elle souhaitait que les poulains se comportent autour d'elle.

Elle était le refuge, le point de référence pour tous les poulains. Tout le monde l'aimait et lui faisait confiance.

Comment faisait-elle cela ?

## Comment la mère insiste sur les limites

Quand ma propre jument a eu un poulain, elle était plutôt tolérante avec son petit Maserati les premières semaines. Elle ne disait pas grand-chose même quand il lui donnait un coup de pied ou lui rentrait dedans accidentellement.

Cependant, à mesure que Maserati vieillissait, Mazirah commençait à être plus stricte avec lui, surtout quand il tétait. Il devait être poli et faire attention, faute de quoi elle lui mordait les fesses. Quand il s'était comporté très impoliment, elle lui donnait même des coups de pied. Elle ne le laissait pas boire tant qu'il ne se tenait pas gentiment et calmement et ne demandait pas poliment la permission. Ainsi, il apprit à accepter le « non « et à dire « s'il vous plaît « et « merci «.

Mazirah n'a jamais agi de manière agressive ou méchante avec lui, mais elle faisait passer son message efficacement et avec la fermeté requise. Elle n'a jamais perdu son sang-froid quand elle devait répéter encore et encore. La façon dont elle le corrigeait valait également la peine d'être notée : avant de se mettre en colère, elle donnait toujours un avertissement vocal.

En observant Mazirah, j'ai découvert quatre choses :

1. Nous devons savoir ce que nous voulons avec une attitude calme et assurée.
2. Nous devons avoir une attitude ferme et amicale quand nous devons affirmer les règles.
3. Prévenir verbalement avant de corriger physiquement.
4. Faire passer le message à 100 pour cent.

Comment pouvons-nous gérer ces défis ? D'où vient l'assurance et la capacité d'être ferme et amical en même temps ?

## Soyez clair sur les règles

Tout d'abord, vous devez être clair sur les règles sociales que vous souhaitez que votre jeune respecte lorsqu'il est avec vous. Ne laissez personne vous dire ce que votre cheval est autorisé à faire ou à ne pas faire. Libérez-vous de l'opinion des autres et de toutes les règles à respecter et à ne pas respecter.

Posez-vous la question : qu'est-ce qui vous semble juste ? Quel comportement de votre cheval vous irrite ou vous fait vous sentir en danger ? Dès que vous vous sentez irrité ou légèrement en danger, c'est une limite que vous devez faire respecter. C'est votre petite voix que vous devez écouter, comme nous en avons parlé au chapitre 3. Vos sentiments sont tout aussi importants que ceux de votre cheval. Bientôt, le petit manque de respect se transformera en un gros problème, alors apprenez à dire et à faire quelque chose au premier signe pour éviter un grand drame plus tard. Vous avez de la valeur et vous avez le droit de vous affirmer.

Gardez à l'esprit le comportement que vous souhaitez que votre cheval adopte une fois adulte. Si vous lui permettez de vous mordre les poches pour obtenir des friandises maintenant, il le fera encore davantage une fois qu'il sera plus âgé. Si vous permettez à votre cheval de vous pousser maintenant, comment se comportera-t-il une fois qu'il aura atteint sa pleine maturité ? Sera-t-il plus difficile à corriger ? Certaines choses peuvent être mignonnes tant que le cheval ne pèse que 100 à 200 kg, mais elles peuvent devenir dangereuses une fois que vous l'imaginez avec 300 kg de plus.

Faites une liste de toutes vos règles. Cela pourrait ressembler à ceci :

1. Ne pas mordre
2. Ne pas me pousser ou me bousculer
3. Pas d'oreilles plaquées en arrière avec moi ou les autres personnes
4. Je ne suis pas un compagnon de jeu, donc n'essaie pas de jouer à des jeux de poulains avec moi
5. Pas de cabrés quand je suis près
6. Ne pas tirer sur le licol
7. Ne pas fuir la pression
8. Etre poli pendant les repas

En faisant une telle liste, vous pourrez vous faire une idée plus précise des limites à respecter. Cela vous permettra de mieux choisir le moment où vous devez les mettre en place.

Gardez à l'esprit que chacun est différent avec un point de vue différent, et c'est pourquoi votre liste de règles peut être différente de celle de quelqu'un d'autre. Assurez-vous simplement que vous vous sentez bien avec. C'est seulement ainsi que vous pourrez les respecter de manière cohérente.

N'oubliez pas qu'il n'y a rien de pire que de changer sans cesse de règles et de ne jamais savoir à quoi s'attendre, encore plus quand vous voulez que votre cheval vous fasse confiance et vous respecte en tant que leader. La vraie confiance vient de la fiabilité et de la cohérence, et du respect des mêmes limites.

## Comment parvenir à être à la fois ferme et amical ?

Un problème courant est soit d'être trop doux pour être efficace, soit d'agir par frustration ou par colère. Le poulain sera alors soit insolent, soit effrayé. Le fait de vous souvenir de ces points vous aidera à éviter de vous laisser emporter par vos émotions :

1. C'est un cheval ; il vit l'instant présent. Les chevaux ne complotent pas contre leurs propriétaires. Il n'est pas nécessaire de prendre les choses personnellement.
2. Les limites donnent de la sécurité et construisent le cadre dans lequel le cheval peut se sentir en sécurité. Imaginez que vous n'êtes pas vraiment sûr de ce que vous êtes autorisé à faire. Plus vite quelqu'un vous le dira clairement, plus vite vous pourrez vous sentir en sécurité. Alors, aidez votre cheval à se sentir en sécurité plus rapidement.
3. Les chevaux n'ont peur de vous que si vous les corrigez en étant émotif et si vous continuez à leur faire ressentir des émotions après. Et quand vous êtes émotif, votre timing et votre intensité sont rarement justes.

Mais pourquoi devenons-nous si facilement émotifs quand nous devons fixer des limites pour notre cheval ? Nous devenons émotifs quand nous ne sommes plus sûrs de nous et quand nous pensons que nous ne faisons peut-être pas les choses parfaitement ou quand nous sentons que nous devons agir à l'encontre de nos valeurs personnelles.

## Donnez un avertissement vocal avant une correction physique

Oui, il faut parfois être physique avec nos chevaux - même avec nos poulains. Dans ce genre de situation, faites une faveur à votre jeune et donnez-lui un avertissement verbal une ou deux secondes à l'avance. Cela donne à votre cheval la possibilité de changer d'avis et de ne pas faire ce qu'il s'apprêtait à faire. C'est le signal «ne faites pas ça» dont j'ai parlé au chapitre 6.

Utilisez toujours le même mot et le même ton de voix. Un «hé», un «non» ou un «sst» aigu font généralement l'affaire. Choisissez un mot qui vous vient naturellement. Vous ne voulez pas vous retrouver à chercher le bon mot au moment où vous en avez besoin. Ces moments ont tendance à arriver à l'improviste, ne vous laissant pas beaucoup de temps pour réfléchir !

Le timing est primordial ici. Vous devez donner l'alerte au moment où vous voyez que votre jeune est sur le point de franchir une limite - et non pas lorsque cela s'est déjà produit ! S'il franchit encore la limite après l'avertissement, vous agissez physiquement de sorte que votre poulain comprenne le message. Je suis aussi intense que le cheval : grande action - conséquence ferme ; petite action - petite conséquence, plus douce.

## Faites passer votre message

Cela signifie que lorsque vous demandez à votre cheval de sortir de votre espace, votre cheval sort réellement de votre espace ! Très souvent, les gens arrêtent de demander quand le cheval lève la tête et semble sortir de leur espace. Si les pieds de votre cheval ne bougent pas, vous n'avez pas réussi à faire passer le message ! Malheureusement, parler et argumenter ne fonctionne pas avec les chevaux ; les chevaux communiquent mieux physiquement, surtout lorsqu'il s'agit de limites.

Et un fait encore plus regrettable est que les chevaux sont bien plus tenaces que nous ! Nous abandonnons une demande après un maximum de trente à soixante secondes. Parfois, il suffit que nous maintenions la demande un peu plus longtemps.

C'est un point très important : il faut toujours aller à la fin d'une demande. Ne vous arrêtez pas à mi-chemin ! Pensez-vous que votre cheval vous prendra au sérieux et vous respectera si vous vous arrêtez toujours à mi-chemin ? Respecteriez-vous votre patron s'il était aussi mou ? Si vous décidez de fixer une limite, vous devez aller jusqu'au bout pour que votre cheval comprenne. Oui ou non, c'est ce que les chevaux peuvent comprendre - pas les peut-être. Bientôt, votre cheval «testera» de moins en moins les limites.

Il est important que vous insistiez sur les limites A CHAQUE FOIS ! Votre cheval sera confus si parfois on lui permet de faire quelque chose et parfois non. Soyez cohérent et soyez amical.

Vous pouvez imaginer cette relation un peu comme un compte bancaire avec des dépôts et des retraits. Vous voulez qu'il soit équilibré et toujours dans le positif. Vous faites un dépôt en faisant quelque chose de gentil avec votre cheval. Vous effectuez des retraits chaque fois que vous devez corriger votre cheval ou faire quelque chose de stressant comme une compétition ou une visite chez le vétérinaire.

Si vous parvenez à garder ce compte en positif, votre cheval sera plus confiant et plus indulgent pour les corrections occasionnelles, les erreurs ou les événements stressants. S'il vous arrive d'en retirer trop («à découvert»), vous remarquerez que votre cheval réagira de manière plus défensive, plus craintive et plus distante.

***

Nous voulons tous nous sentir connectés avec nos chevaux et ressentir la magie de presque lire dans les pensées de l'autre et le bonheur de passer du temps ensemble. Le temps passé avec notre cheval nous permet d'oublier le reste du monde, toutes nos inquiétudes et nos peurs. Nous pouvons profiter du présent et connaître une paix et une satisfaction intenses. Nous désirons tous être dans cette étape de la relation avec notre cheval, tout de suite.

Pour une raison quelconque, nous pensons que si notre cheval ne nous donne pas cette impression tout de suite, ce n'est peut-être pas le bon cheval, pas notre véritable âme-sœur. N'oubliez pas que vous êtes le créateur, il n'appartient qu'à vous de créer la relation de vos rêves avec votre cheval.

Mais cela ne se fera pas du jour au lendemain. Nos chevaux ne sont pas nés avec le désir de se faire des amis humains, surtout si votre cheval n'a pas «besoin» de vous. Vous êtes le leader, vous êtes le créateur, alors conduisez votre cheval avec amour vers votre rêve et faites en sorte d'être important et précieux dans sa vie.

---

### Exercice :
### Vos règles

Si vous ne l'avez pas encore fait, faites une liste de vos règles. Cela vous aidera à établir une relation agréable avec votre cheval - un partenariat. Le fait de noter toutes vos petites règles vous aidera à les garder à l'esprit.

Faites une deuxième liste avec les petites choses que vous pouvez faire pour développer une relation positive et forte entre votre cheval et vous.

# Faire de votre cheval un élève heureux

La plupart des propriétaires de chevaux souhaitent que leur cheval aime toujours passer du temps avec eux. Nous aimons voir que notre cheval est heureux et en confiance lors d'une activité que l'on fait avec lui. Mais la réalité semble souvent différente. Trop souvent, le cheval ne semble pas motivé et est juste ennuyé, paresseux, fou et réticent. Ou le cheval est difficile à attraper et s'éloigne dès qu'il vous voit approcher avec le licol. Ou le cheval adopte un comportement déplaisant lorsque vous lui demandez de faire quelque chose. Et parfois le cheval refuse tout simplement de faire ce que vous lui demandez, comme aller en extérieur ou faire quelques sauts pour s'amuser.

J'étais exactement dans cette situation avec ma jument Mazirah. Tout ce que je voulais, c'était qu'elle apprécie le temps que l'on passait ensemble, mais plus je "progressais" dans son entraînement, plus elle me montrait qu'elle n'aimait pas du tout ça. Je ne pouvais pas l'attraper, elle ne voulait plus aller en extérieur et elle faisait constamment la tête typique de la jument… vous savez, cette tête avec les narines plissées et les oreilles légèrement en arrière – une expression clairement énervée. Avec sa fille Mayana, je m'étais juré de ne pas laisser cela arriver à nouveau. Ma première priorité était d'avoir un élève heureux et confiant. Je voulais qu'elle attende avec impatience la prochaine séance et qu'elle déborde de confiance en elle pour trouver la solution à tout ce que je voulais qu'elle fasse. Et j'ai réussi avec Mayana. Maintenant, elle vient lorsque je l'appelle et parfois elle attend même à la porte à l'heure à laquelle je viens habituellement la chercher. C'est évident qu'elle apprécie le temps que l'on passe ensemble. Elle est devenue une vraie accro à l'apprentissage.

Alors, comment pouvez-vous conduire votre jeune cheval à devenir un élève heureux et confiant qui trouvera que passer du temps avec vous est intéressant et amusant ? La réponse est simple : en appliquant les principes et stratégies vu dans les chapitres 6, 7, 9 et 11 à propos des différentes personnalités des chevaux, de l'apprentissage des chevaux, de la création d'un plan, et de la construction d'une relation. Mais je n'ai jamais dit qu'appliquer ces principes serait simple.

Ce chapitre est un mélange de ces quatre chapitres et de tous les principes que j'ai exposés. Je devais d'abord partager toute ces connaissances théoriques, avant de vous montrer comment les appliquer dans la vie de tous les jours avec votre cheval, car tout commence par la connaissance et la conscience. Cela vous permet de prendre des décisions intelligentes à tout moment. Et c'est seulement à partir de là que vous pourrez mettre en place tout ce que vous faites avec votre jeune cheval pour réussir.

En utilisant quatre exemples de chevaux de différents âges, je veux montrer comment j'utilise tous ces principes chaque jour avec un seul objectif : faire de mon cheval un élève heureux et confiant qui aime le temps que l'on passe ensemble. Mais premièrement, j'ai besoin de partager avec vous un concept supplémentaire et omniprésent.

## Agrandir la Zone de Confort

Tout ce que votre cheval peut faire sans souci, ou même sans avoir à trop réfléchir, est son "lac bleu"[11] (blue lake), c'est-à-dire sa zone de confort, dans laquelle il se sent en sécurité et le plus heureux. Aussitôt que vous sortez votre cheval de son lac bleu, il va être plus ou moins inquiet. Si vous ramenez votre cheval à temps dans son lac bleu, il réalisera que ce qu'il vient de vivre n'était pas si mauvais. Alors son lac s'agrandira et sa confiance également, mais si vous l'emmenez trop loin, vous le pousserez dans une zone rouge où il pourrait paniquer. Cela provoquera une réduction du lac bleu.

Le lac bleu d'un jeune cheval est, évidemment, très petit. Parfois le lac s'arrête lorsque le poulain de moins d'un an est seulement à 10m de sa mère. Pour un poulain d'un an, le lac ne dépassera probablement pas les limites du pré où se trouvent ses amis, et un cheval de deux ans n'aura sûrement

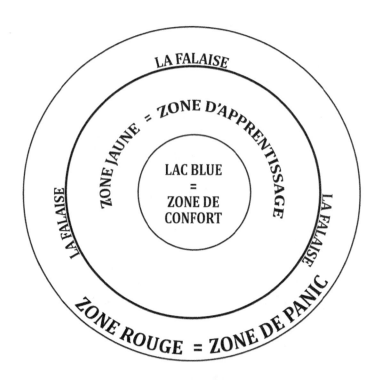

pas un lac suffisamment développé pour pouvoir faire une balade seul en forêt. Peut-être que si, mais probablement pas.

Le but de chaque séance est d'étendre le lac bleu de votre jeune cheval afin qu'il ait de plus en plus confiance au quotidien dans le monde des humains.

Mais cette croissance de la confiance ne peut se produire que si vous menez votre cheval hors de son lac. Pour éviter d'approcher de la zone rouge, vous devez être expert dans la gestion de l'excitation d'un cheval qui se trouve proche de la limite de cette zone. Pousser votre cheval dans cette zone rouge réduira toujours son lac bleu et endommagera sa confiance en lui.

La solution est « l'approche et le retrait » dans la zone jaune. Chaque fois que vous emmenez votre cheval hors de son lac bleu et passez du temps dans la zone jaune avant de retourner au lac bleu, l'assurance de votre cheval grandira.

Chaque fois que j'emmène un cheval à l'entraînement, je pense à ce concept. A quelle distance du lac bleu l'activité que j'ai prévu de faire aujourd'hui se trouve-t-elle ? Comment puis-je l'organiser pour qu'on ne soit pas trop proche de la zone rouge ? Comment puis-je l'organiser afin que le cheval réussisse, soit plus confiant, et fier quant à ses réussites à la fin de la séance ?

Oui, il arrive parfois que le lac rétrécisse. Parfois, on ne parvient pas à tout mettre en place pour la réussite. Parfois, des choses arrivent et tout ne se passe pas comme prévu ou comme on l'espérait. Cela fait partie du processus. Prenez des notes et prenez de nouvelles décisions à l'avenir.

Pour résumer, l'objectif de chaque séance est d'agrandir le lac bleu de mon cheval, ou du moins éviter qu'il rétrécisse. L'objectif de chaque séance est d'augmenter la confiance en lui et le courage de mon cheval en tant qu'élève.

Pour voir comment vous pouvez appliquer cela à votre cheval, voici quelques exemples d'apprentissage que j'ai mis en place pour mes chevaux, à des âges différents.

## Maserati : poulain arabe shagya, 0-6 mois

Maserati est le fils de ma jument, Mazirah, et un rêve devenu réalité. J'étais là quand il est né, j'ai assisté à ses premiers pas tremblants et à la première fois qu'il a tété. Il était très timide au début, toujours à se cacher derrière sa mère et réagissant plutôt timidement aux premières approches.

Pendant son premier mois de vie, il était sorti dans un grand pré avec sa mère et mis à l'écurie durant la nuit. Cela m'a donné plein d'opportunités de faire connaissance avec lui et de l'aider à former une association positive avec les humains.

Les principaux thèmes à cet âge :

- Bâtir une association positive avec l'humain
- Créer de solides bases pour une relation saine (limites et amour)
- Encourager la curiosité

Stratégies d'apprentissage principales :

- Apprentissage par imitation et observation de sa mère
- Renforcement positif via les caresses
- Utiliser le signal « fais-pas-ça » pour montrer les limites
- Approche et retrait
- Utiliser sa propre curiosité pour explorer
- Répétition

Les tâches à apprendre :

- Accepter d'être touché partout
- Accepter les traitements oraux (vermifuge, probiotiques)
- Mettre le licol
- Explorer le monde en suivant sa mère
- Donner les pieds
- Céder à la pression
- Règles de base

## Chaque interaction compte

A chaque fois que l'on interagit d'une quelconque façon avec le poulain, il apprendra quelque chose. A cet âge, le plus important est que le poulain fasse une association positive avec vous et les autres humains. Ce qui mène aux résultats désirés, ce ne sont pas vraiment les tâches que l'on enseigne au poulain ; c'est plutôt la façon dont on se comporte avec lui qui mène au résultat escompté.

Maserati était très timide au début, bien que j'aie assisté à sa naissance. C'était un petit gars sensible et réactif. Il était super-protecteur avec ses membres, son ventre, son encolure, derrière ses oreilles, et surtout avec sa tête. D'abord, j'ai fait en sorte d'avoir de bons contacts avec sa mère, Mazirah. Je l'ai brossée, caressée et j'ai fait en sorte qu'elle se sente bien. Il nous observait et il s'est peu à peu intéressé à moi. Il a commencé à explorer soigneusement mon dos avec son petit nez tout mignon. Il n'a pas fallu longtemps avant que je puisse « accidentellement » caresser son encolure et son dos. En quatre jours, il avait découvert que les humains donnent les meilleures caresses.

## Ne pas forcer

La clé n'était pas de forcer le contact avec lui, mais de le laisser arriver. Les poulains sont si curieux ; ils n'ont qu'à explorer le monde. Si la mère est confiante et n'est évidemment pas inquiète ou même qu'elle apprécie quelque chose, le poulain se rendra compte que ça ne peut pas être mal.

Durant le premier mois de vie de Maserati, je lui rendais visite plusieurs fois par jour, et les matins et les soirs, je prenais soin de lui et sa mère. Il sortait dans un pré la journée et passait la nuit avec sa mère dans un box avec un paddock. Souvent, je m'asseyais dans la paille et j'attendais qu'il devienne curieux et commence à m'explorer de tous côtés.

## Encourager le respect

Lorsqu'il avait environ dix jours, il a essayé pour la première fois de m'impliquer dans une sorte de jeu de poulain. Il me poussait légèrement avant de s'éloigner en faisant une petite ruade joyeuse. C'était la première fois que j'appliquais gentiment le signal « fais-pas-ça » et que je lui ai dit oust pour l'éloigner de moi. J'ai dès le départ mis au clair que je ne suis pas un compagnon de jeu mais que j'aimerais être respectée comme il respecte sa mère. Résultat : il n'a jamais réessayé quelque chose de ce genre par la suite.

## Faire de petites étapes

J'ai commencé à doucement lui présenter de nouvelles choses : le licol, la longe, et une seringue remplie de miel dilué. Puisqu'il était très protecteur avec sa tête et devenait rapidement claustrophobe, je devais tout fragmenter en mini-mini étapes. Son lac bleu était minuscule à ce moment-là, sa zone d'apprentissage était donc très étroite et la zone rouge était très proche. Dès que je bougeais un peu trop brusquement, ou que je limitais ses mouvements une seconde de trop, il commençait à paniquer et à se débattre. L'essai qui suivait une situation comme celle-là était plus compliqué car sa confiance s'était réduite.

Avec tout ce que je lui ai présenté, j'ai attendu qu'il devienne curieux, qu'il commence à explorer l'objet (licol, longe, seringue) et qu'il le mâche. C'était le feu vert dont j'avais besoin pour passer à la mini étape suivante. Lorsqu'il avait un mois, il prenait son premier vermifuge comme un champion (parce que je lui avais donné du miel dans une seringue de nombreuses fois) et m'autorisait à lui mettre le licol avec une grande confiance. Il adorait les caresses, et je pouvais le guider avec une corde nouée en huit autour de lui. Je le rejoignais souvent pour faire une sieste dans la paille – c'était génial.

## Explorer ensemble

Quelques fois par semaine, j'allais faire une balade avec Mazirah, Maserati nous suivait librement. On explorait la propriété et nos carrières avec tous les obstacles qui s'y trouvaient. Mazirah lui montrait comment marcher sur une bâche, sur le pont, et comment pousser une grosse balle verte. Il se montrait généralement plein d'énergie, galopant et faisant des ruades dans tous les sens. Il n'a jamais essayé d'imiter quoique ce soit que Mazirah faisait, il se contentait d'observer de loin. La chercheuse Danoise Janne Winther Christensen, doctorante, a montré dans une de ses études que si les poulains observent leur mère gérer des situations potentiellement dangereuses ou effrayantes, ils seront plus courageux à l'âge adulte que les poulains qui n'ont pas eu la chance d'observer leur mère.[12]

Malheureusement, à ce stade du développement de Maserati, j'ai eu un grave accident, qui m'a totalement empêchée de progresser avec lui. Alors, jusqu'à ce qu'il ait environ quatre mois, je n'ai pu que lui rendre visite et m'asseoir avec lui dans le box. Parfois il posait sa tête sur mes jambes pour faire une sieste. C'était de précieux momenst.

## Utiliser le renforcement positif

Quand je ne pouvais plus pratiquer à cause de mon accident, mon mari, Thomas, rendait visite à Maserati chaque jour dans le pré. A chaque fois, il abordait des petites choses de façon très ludique et détendue pendant leur séance de trouve-la-zone-qui-gratte. Puisque c'était l'été et que nous avions beaucoup d'insectes piquants, ses oreilles le démangeaient terriblement. En lui caressant le cou, Thomas pouvait accidentellement caresser ses oreilles, et ça n'a pas pris longtemps avant que Maserati oublie qu'il était sensible au niveau des oreilles et découvre les bienfaits des caresses sur celles-ci. Pendant ses visites, Thomas caressait également les membres du poulain et les levait les uns après les autres. Thomas utilisait le renforcement positif lorsque Maserati lui donnait le pied en lui donnant en retour des caresses sur le ventre pendant qu'il tenait son pied levé. De cette façon, le poulain commençait à donner ses pieds aisément et apprenait aussi, en même temps, à se tenir immobile.

## Poser des limites

Parfois, quand Maserati demandait trop de caresses, Thomas le repoussait gentiment par le nez ou le poitrail. De cette façon, le petit Maserati apprenait à céder à une pression continue et à respecter l'espace personnel et les limites importantes, à savoir :

- Ne mord pas et ne mâche pas mes habits
- Ne me pousse pas
- Pousse-toi de mon chemin quand je le demande
- Ne joue pas à des jeux de poulain près de moi et n'essaie pas de m'impliquer dans l'un d'eux

## Commencer le « vrai » entraînement

Il est important de noter que , jusqu'à maintenant, il n'y avait pas eu de « séance » d'entraînement avec Maserati. Tout s'est passé par hasard, quand il était en contact avec nous. La seule chose sur laquelle nous nous sommes concentrés était l'établissement d'une association positive et d'une confiance envers nous.

Lorsqu'il avait environ cinq mois, je m'étais enfin assez rétablie de mon accident pour pouvoir reprendre son éducation. J'avais prévu de l'emmener en balade, mais pas en liberté cette fois, il allait marcher à côté de moi avec un licol et une longe.

Pour atteindre cet objectif, j'ai d'abord été très claire à propos de ce qu'il savait déjà, notamment la mise du licol, un peu de cession à la pression sur le licol et aller faire une balade. Il avait déjà suivi quelques fois en liberté pendant des balades avec Mazirah et il était devenu trop sûr de lui pendant celles-ci, il faisait de grands virages au galop, allait explorer. Nous avons donc arrêté cela ; c'était trop risqué à mon goût.

Je voulais vraiment éviter qu'il soit effrayé par quelque chose et commence à paniquer et se débattre contre le licol et la longe juste parce que je n'avais pas pris le temps de lui enseigner correctement comment être mené.

## Mon plan

J'ai établi le plan qui suit pour m'assurer que la première balade à la main serait une expérience bonne et positive.

1. Qu'il soit en confiance avec les objets étranges dans son pré.

2. Lui enseigner à suivre la sensation de la longe dans toutes les directions.
3. Lui enseigner à être mené correctement dans son pré.
4. Aller faire une mini balade juste hors du pré avec sa mère.
5. Aller faire une plus grande balade avec sa mère mais toujours avec le pré en vue et en restant sur la propriété
6. Aller faire une vraie balade avec sa mère et explorer tout ce qui est intéressant sur le trajet.

## Développer la confiance

Pour la première étape, j'ai emmené avec moi des objets étranges dans le pré, comme une grande bâche en plastique, des parapluies colorés, ou même un pont en bois. Tous les chevaux étaient curieux, surtout sa sœur Mayana qui adore jouer avec ce genre de choses. Maserati était un peu sceptique au premier abord et observait de loin, comme il le faisait quand il était un petit poulain et que je l'avais emmené dans la carrière avec Mazirah, sa mère. Mais sa curiosité a pris assez vite le dessus et il a commencé à imiter exactement ce que sa sœur faisait. Il a rapidement joué avec la bâche et a marché sur le pont de bois. Il avait appris à être courageux avec des objets inconnus simplement en observant et en imitant.

## La Répétition est la clé

J'ai répété cet exercice plusieurs fois. Puis je lui ai appris à suivre la sensation de la longe et à être mené correctement. Il devenait facilement claustrophobe et réagissait avec panique lorsque quelque chose lui restreignait la tête. C'est pour cette raison que je lui avais enseigné cette compétence dans le pré avec sa famille autour de lui. Je voulais qu'il se sente en sécurité lorsqu'il apprenait une tâche potentiellement difficile pour lui.

J'ai fait trois mini séances de dix minutes chacune, lui enseignant à relâcher la pression sur le licol et comment suivre la sensation de la longe. Je terminais chaque séance dès que j'avais une réponse confiante. Ensuite je lui faisais des câlins et des caresses, le ramenais vers sa mère et lui retirais le licol. Il allait ensuite généralement boire un moment avant de revenir vers moi pour avoir plus de caresses.

## Être attentif

Je faisais très attention à ne pas le pousser dans la zone rouge. Je voulais que son lac bleu grandisse à un rythme stable sans prendre de risque. J'utilisais des pressions/sensations et des relâchements appliqués prudemment et beaucoup de récompenses pour lui enseigner cela. Mais en même temps, il fallait que je progresse rapidement avec lui, puisqu'il apprenait rapidement. Avec trop de répétitions, il commençait à devenir trop sûr de lui et trop joueur.

## Essayer quelque chose de nouveau

Une fois qu'il avait compris comment bien me suivre avec la longe, je l'ai emmené faire sa première balade en dehors de son pré habituel. J'ai demandé à un de mes amis de prendre Mazirah, sa mère. Le premier jour, nous ne sommes pas allés très loin de leur pré. Il connaissait le secteur, alors ce n'était rien de nouveau pour lui. Mais puisqu'il ne pouvait pas courir lorsqu'il en avait envie, il était un peu plus tendu que d'habitude. Il devait apprendre à se relaxer en voyant sa liberté limitée et à me faire confiance pour prendre soin de lui.

## Étendre

La seconde fois que l'on a fait une balade, il se sentait déjà plus confiant en sortant du pré. On a simplement exploré tout ce qui était intéressant, comme les canards et les oies, les buissons, la boîte aux lettres, la poubelle, une statue de pierre, la place de parking pour vélo, et quelques véhicules utilitaires de la ferme. Je le laissais être curieux avec tout et apprendre par imitation et observation du comportement courageux de sa mère. D'une certaine façon, je lui donnais la main pendant cette aventure.

Enfin, pendant la troisième séance, je l'ai emmené faire une « vraie » balade de trente minutes hors de la vue de son pré. Sa mère était encore avec nous. Nous avons exploré un étang, sauté des rondins, découvert la forêt, et nous sommes montés dans un van qui se trouvait sur notre chemin pour la première fois. Dès qu'il voulait être curieux avec quelque chose, je l'encourageais à explorer. Au cas où il perdait un peu confiance en lui, sa mère était là pour lui montrer que la situation n'était pas aussi effrayante qu'il le pensait.

## Être positif

Avec ce plan et cette mise en place soigneuse, les premières balades en extérieur étaient une expérience intéressante et amusante pour lui. Elles lui ont permis d'associer les sorties du pré à quelque chose de positif. Il a aussi réalisé qu'être mené n'est pas limitant ; c'est plutôt comme si je lui tenais la main pour l'aider à gérer les situations effrayantes. Depuis cela, il a toujours voulu sortir du pré lorsque j'emmenais une de ses sœurs pour une balade, il était très à l'aise et me faisais confiance lorsque je l'emmenais se promener.

Le plus important à ce jeune âge est vraiment de former des associations positives – autant que vous le pouvez. Les premières impressions sont celles qui influenceront la perception d'un cheval sur un certain sujet pendant très longtemps.

## Tara : pouliche arabe shagya, 1-2 ans

Tara était passée par le même procédé que Maserati à ce stade. Elle aimait être avec les gens et était toujours la première à venir me saluer. Elle était relativement facile à gérer au quotidien. Lorsqu'elle quittait le troupeau d'elle-même, elle restait connectée à moi mais s'excitait plus facilement. Elle ne pouvait pas se relaxer à 100% lorsqu'il n'y avait pas d'autre cheval avec elle.

Sa personnalité de base est craintive/extravertie. Ce qui signifie que je dois utiliser beaucoup de régularité et de réconfort et que je dois tout fragmenter en mini étapes pour qu'elle ne se sente pas acculée par tout ce qui est nouveau.

Je faisais seulement quatre séances avec elle chaque mois. Ces quatre séances, je les faisais en une semaine pour qu'elle ait la régularité dont elle avait besoin pour sa personnalité. Souvenez-vous, il faut quatre à sept répétitions pour qu'un cheval apprenne quelque chose. Quatre répétitions suffisaient parfaitement pour qu'elle apprenne une nouveauté. La difficulté principale était de quitter le troupeau et qu'elle soit en confiance lorsqu'elle était seulement avec moi.

Les principaux thèmes à cet âge :

- Créer une association positive entre le fait de quitter le troupeau et le fait de passer du temps avec « sa » propriétaire/seule cavalière
- Acquérir plus d'expérience avec le monde humain
- Maîtriser les compétences quotidiennes importantes

Stratégies d'apprentissage principales :

- Apprendre en expérimentant
- Apprendre par imitation
- Techniques de désensibilisation
- Répétition et routines

Les tâches à apprendre :

- Quitter le troupeau
- Aller se balader seule
- Céder à la pression (niveau avancé)
- Chargement dans le van (niveau avancé)
- Spray anti-mouches et tondeuse
- Douche

- Préparatifs au maréchal-ferrant
- Attache en sécurité

## Choisissez un point de départ

Tara était déjà très sûre d'elle lorsqu'elle quittait le troupeau avec un autre cheval. Elle connaissait la propriété, les carrières, les écuries principales, et l'aire de pansage. Elle aimait passer du temps avec moi et avait formé une solide association positive avec moi. Désormais, je voulais qu'elle crée une association positive avec de son départ du troupeau seule, avec seulement moi. Cela demande un tout autre niveau de confiance pour un cheval de son genre. C'est un pas de plus pour passer du rôle d'ami à celui de guide et de protecteur.

## Être constant

Bien que confiante sur certains sujets, Tara était moins confiante et nerveuse sur d'autres. J'ai créé une routine solide pour elle que j'appliquais à l'identique à chaque fois. J'allais dans le pré, je l'appelais et passait quelques minutes à la caresser et à lui faire des câlins. Puis je lui mettais le licol de sorte qu'elle apprenne à mettre sa tête dans le licol par elle-même. (C'est une habitude que j'aime développer avec mes chevaux pour m'assurer qu'ils soient vraiment avec moi, même si c'est simplement pour mettre le licol).

## Lui donner du temps

Ensuite, je la guidais jusqu'à la porte. Parfois elle s'arrêtait et ne voulait pas suivre. Alors je m'arrêtais avec elle, lui laissais quelques secondes, la caressais, et lui demandais de continuer. Si je ne lui donnais pas ces quelques secondes, alors cela empirait et elle était encore plus nerveuse. Sur le chemin vers les écuries principales, je prenais tout le temps dont elle avait besoin. Certains jours elle me suivait tout simplement, mais d'autres jours elle était un peu plus nerveuse et avait besoin de s'arrêter plusieurs fois. C'est le type de cheval qui accélère au lieu de s'arrêter lorsqu'elle a peur de quelque chose. Donc, c'était mon travail de la surveiller de près pour voir de quoi elle avait peur. Ensuite, je l'encourageais à s'arrêter et à examiner l'objet. Parfois c'était évident, comme un véhicule utilitaire. Parfois c'était simplement son reflet dans une fenêtre. Je m'assurais qu'elle réalise, après chaque petite frayeur qu'elle avait, que l'objet était inoffensif. Je l'autorisais et l'encourageais à exprimer le fait qu'elle ait peur, à me le montrer, et on explorait ensemble ce qui lui faisait peur. De cette manière, toutes ses petites frayeurs ont fini par se dissiper.

## Faire croître son sentiment de sécurité

Une fois arrivée dans les écuries principales, je la plaçais dans l'aire de pansage. Elle adorait le pansage, alors se tenir immobile n'était pas très difficile pour elle. Ici elle se sentait à nouveau en sécurité, et elle appréciait le traitement particulier. Avec mon objectif de l'aider à faire une association positive avec les moments seule avec moi, je me suis servie de la partie pansage pour qu'elle se sente vraiment bien et spéciale. C'était une petite princesse qui aimait être belle et chouchoutée.

## Être détendu

Je me servais de ce moment pour utiliser à l'occasion le spray pour la crinière et pour l'habituer à recevoir du spray. A chaque fois, je travaillais une ou deux des compétences pratiques. Comme lui laver et lui rincer les yeux, prendre la température ou la tondeuse.

## Encourager l'exploration

Après le pansage, je faisais un tour par la douche. Je la laissais explorer le tuyau d'arrosage et le panier avec toutes les bouteilles de shampoing. Une fois qu'elle avait confiance, je faisais couler l'eau pendant qu'elle explorait. C'était juste un petit changement, mais pour elle c'était un changement majeur : le bruit, le scintillement de l'eau, et d'un seul coup le sol avait deux couleurs différentes. Je voulais qu'elle ait entièrement confiance en toutes ces petites choses et pas me contenter de gérer son corps et la contrôler.

## Restez simple

Les deux premières fois que je l'ai sortie seule, c'était la seule chose que je faisais. Je la ramenais dans son pré après cela. Il était très simple de la pousser dans la zone rouge, et sa zone d'apprentissage était plutôt étroite.

Par exemple, lorsqu'un autre cheval entrait dans les écuries pendant que nous étions occupées dans l'aire de pansage, elle devenait très nerveuse. Je pouvais voir son cœur battre dans sa poitrine. Quand cela arrivait, je l'autorisais à bouger et à dire bonjour à l'autre cheval, ce qui l'aidait à se calmer.

Si j'avais insisté pour qu'elle reste en place, j'aurais déclenché sa claustrophobie. Souvenez-vous, lorsqu'un cheval se sent tenu et restreint dans une situation effrayante, il/elle sentira le besoin très urgent de fuir. Le cheval conclura que sa peur n'est pas seulement due aux circonstances, mais aussi à vous ! C'est quelque chose que vous ne voulez pas, surtout pas à cet âge. Je voulais que Tara me voie comme sa protectrice, sa guide, son refuge. C'est pourquoi je l'ai exposée graduellement à la vie quotidienne et lui ai montré comment la gérer.

## Renforcer la confiance

Au fur et à mesure que son assurance augmentait, je l'emmenais faire de petites balades. Nous avions aussi commencé à explorer la carrière ensemble et à regarder tous les objets qui s'y trouvaient. Là, elle a appris, dans la détente, à désengager les postérieurs, à reculer, à déplacer les épaules et à se synchroniser lorsqu'elle était menée. Nous avons établi un langage plus commun. Cela a renforcé sa confiance en elle car elle pouvait mieux me comprendre.

## Demander de l'aide à un ami

Elle était désormais confiante en quittant le troupeau seule, juste avec moi. Elle était confiante en explorant tout ce qui était dans la carrière et aux alentours. Alors, j'ai voulu cocher la tâche suivante de ma liste, qui était le chargement dans le van. J'imagine que vous savez que cela peut être une tâche très difficile. Afin de la simplifier pour Tara, j'ai demandé à un bon ami de nous accompagner avec la nounou préférée de Tara.

## Présenter les obstacles

Pendant la première séance, j'ai fait quelques préparatifs dans la carrière. J'ai placé différents obstacles pour aider Tara à gérer le van avec plus d'assurance. J'ai utilisé le pont de bois pour simuler le bruit et pour accroître sa confiance quand elle marchait sur une surface différente. J'ai utilisé une grande bâche bleue pour créer un tunnel qui l'a aidé à avoir plus confiance dans les espaces étroits. Je me suis servi d'un couloir de barres pour qu'elle recule à l'intérieur et d'une barre pour qu'elle recule par-dessus.

## La laisser observer

Au début, je la laissais simplement observer sa nounou affronter tous les défis avec aisance et assurance.[13] Puis je suivais derrière. J'ai simplement laissé Tara être poussée par sa curiosité. Puisqu'elle avait vu sa nounou maîtriser chaque tâche, elle commençait rapidement à l'imiter et à faire pareil. Ainsi, je n'ai eu aucune réponse de peur, pas de drame, pas de raison DE NE PAS féliciter Tara et de la faire se sentir intelligente et spéciale.

Pendant la deuxième séance, j'ai brièvement fait les préparatifs. Cette fois, j'ai demandé à Tara de passer chaque obstacle sans observer sa nounou les passer avant elle. Puis je l'ai emmenée au van. Là j'ai demandé à mon ami de charger d'abord la nounou, afin que Tara puisse observer ce qu'il se passait. Elle était très curieuse et a essayé de suivre. Quand ce fut son tour d'y aller, j'ai simplement laissé Tara explorer l'intérieur du van. Petit à petit, sa curiosité l'a fait monter dedans. Je n'ai jamais demandé ou poussé/amadoué pour qu'elle monte, je l'ai juste laissée être curieuse. Quand elle montait totalement, je la félicitais. Nous avons fini cette séance en étant capables de la faire monter dans le van par elle-même, sans que je passe devant mais en restant à l'entrée du van.

Toute la mise en place lui a permis d'avoir une bonne première impression du van. Je pouvais juste être le guide encourageant, être là pour elle et célébrer son courage. Son petit lac bleu grandissait surtout quand son apprentissage était organisé ainsi.

## Célébrer ses réussites

A cet âge, il est important que nos jeunes apprennent à nous faire confiance en tant que guides, apprennent à nous voir comme leur protecteur, et apprennent à avoir confiance pendant l'apprentissage. A un an, les chevaux sont comme des enfants ; ils reproduisent le comportement et les réactions qu'ont les membres du troupeau. Que devez-vous faire pour qu'il/elle vous voie comme sa nounou préférée et le guide/protecteur qui tient fermement son sabot pour assurer sa sécurité ?

## Gwayne : pouliche welsh cob, 26 mois

Gwayne a passé deux mois avec moi parce que sa propriétaire commençait à avoir des problèmes avec elle. En gros, elle se comportait comme un petit bulldozer, très envahissante. Lorsqu'elle était en main, elle était difficile à contrôler. Dès qu'elle était inquiète ou qu'elle ne voulait pas aller là où elle était menée, elle se débattait, parfois elle tapait même la personne à l'autre bout de la longe. Le maréchal-ferrant ne passait pas non plus un moment simple avec elle puisqu'elle n'était pas très coopérative quand ses postérieurs étaient manipulés. Il était évident qu'elle était bloquée à la phase deux du développement de la relation.

Pendant les premiers jours qu'elle a passés ici, je suis allée lui rendre visite plusieurs fois dans son pré. Je voulais lui donner du temps pour me connaître (phase une d'une relation) et pour qu'elle s'intègre au troupeau dans lequel elle allait vivre durant son séjour. Elle m'a rencontrée avec beaucoup d'assurance, m'a demandé de suite des caresses et a essayé de me marcher dessus à la première occasion. Gwayne ne montrait aucun signe de peur envers l'équipement ou quand elle était menée d'un point A à un point B. Elle était très « bavarde » et très animée.

J'ai évalué sa personnalité comme étant confiante/extravertie. En tant que telle, les difficultés principales étaient le respect de l'espace personnel, rester dans un dialogue respectueux avec les gens, son fort réflexe d'opposition, elle allait contre la pression et n'avait aucune compréhension de ce qu'est une relation saine avec un humain.

Les principaux thèmes à cet âge :

- Rattraper le retard sur la construction d'une relation saine et accepter les limites
- Construire une association positive avec l'apprentissage
- Etablir une routine quotidienne solide et de bonnes habitudes

Stratégies d'apprentissage principales :

- Accepter les limites
- Curiosité
- Renforcement négatif
- Renforcement positif (éloges verbales et caresses)
- Pression et relâchement
- Signal « fais-pas-ça »
- Signal « oui »

Les tâches à apprendre :

- Routines quotidiennes solides (immobilité pendant le pansage, donner les sabots, se laisser mener comme il faut et avec respect)
- Accepter le spray anti-mouches, la douche et la tondeuse
- Travail au sol basique pour la préparer à être débourrée sous la selle l'année suivante
- Chargement dans le van
- Aller faire des balades seule, explorer le monde

## Etablir un planning

J'ai décidé de travailler avec elle un jour sur deux. Cela lui donnait la routine dont elle avait besoin étant donné son jeune âge. Lui donner un jour de repos entre chaque séance évitait le risque de la surcharger mentalement. Pour Gwayne, qui était une fille très confiante et intelligente, j'ai alterné entre les séances sur les compétences sociales, les séances sur les compétences de travail au sol, et les séances où je l'emmenais faire des balades actives dans la forêt. Elle devenait plutôt effrontée si elle trouvait que les choses étaient trop ennuyeuses et répétitives.

## Etablir un langage

J'ai fait les deux premières séances avec Gwayne dans le pré. Avec sa propriétaire, elle avait pris l'habitude d'essayer de se libérer lorsqu'elle était en main. J'ai établi un langage commun et j'ai clarifié les limites fondamentales (phase 2 de la relation). C'est seulement à ce moment-là que j'ai commencé à l'emmener hors du pré et dans les écuries principales avec l'aire de pansage et les carrières. De cette façon, j'ai évité les scènes de drame et les disputes inutiles, qui l'auraient poussée dans la zone rouge.

## Installer une routine

De là, j'ai commencé à installer une routine quotidienne. Lorsque je venais la récupérer, je passais toujours quelques minutes à la caresser et à lui mettre le licol gentiment. Puis je l'emmenais vers les écuries principales, 400m plus loin. Parfois je jouais à « cherche le meilleur carré d'herbe » avec elle.

Une fois arrivée aux écuries principales, je la mettais dans l'aire de pansage. C'était le moment parfait pour lui apprendre à se tenir immobile sans être attachée. Ensuite je prenais ses pieds et je profitais de l'opportunité pour améliorer sa patience pendant que je manipulais ses postérieurs. Après cela, je l'emmenais à la douche et la laissais explorer. Elle devait aussi apprendre les préparatifs vétérinaires importants, comme accepter le vermifuge, accepter les aiguilles, et l'application de crème pour les yeux.

J'amenais ces compétences de manière détendue dans notre routine de pansage quotidienne – rien de bien impressionnant, cela faisait juste partie de la routine quotidienne (phase 3 de la relation)

## Challenge et récompense

Ensuite j'allais soit faire une balade avec elle, soit travailler une compétence sociale difficile (comme la tondeuse, le spray anti-mouches ou le chargement dans le van), ou faire du travail à pied avec elle. Je m'assurais de la féliciter et de la récompenser quand elle faisait des efforts et montrait qu'elle avait compris. Elle aimait être félicitée et sentir que j'étais contente d'elle ! En général, les séances avec elle étaient très ludiques et légères, et elle savait très bien me faire rire avec toutes ses idées amusantes. Quand je la ramenais, je passais encore deux ou trois minutes à gratter les endroits qui la démangeaient.

## Noter les progrès

Après deux mois, elle avait eu un total de 24 séances. Deux se sont faites dans le pré, surtout axées sur les limites et le langage commun de base. Quatre concernaient le chargement dans le van. Deux seulement pour la tondeuse, le spray anti-mouches, la douche, et les préparatifs du maréchal-ferrant. Six étaient des sorties en extérieur dans notre forêt (association positive avec le fait de passer du temps avec des gens), et dix ont été des séances de travail à pied de base dans la carrière.

A la fin de son séjour de deux mois, Gwayne se comportait poliment tout en étant ouverte et en confiance avec les gens. Quand j'allais la chercher, elle venait dès que je l'appelais. Elle avait rattrapé son retard dans la compréhension de ce qu'est une relation saine avec les humains. Elle avait appris des compétences sociales quotidiennes importantes et avait reçu une solide éducation au sol. Elle avait également appris à accepter la sangle et la selle et était parfaitement préparée pour son débourrage l'année suivante. Gwayne avait fait une association positive avec l'apprentissage et le fait de passer du temps avec les gens de manière polie.

## Mayana : jument arabe shagya, 3-4 ans

C'était la période à laquelle j'ai commencé à la débourrer. Je lui avais fait faire deux balades de cinq minutes quand elle avait trois ans. Puis je l'ai laissée tranquille pendant environ huit mois, à l'exception de balades occasionnelles et d'un peu de travail en main. Quand elle a eu quatre ans, j'ai continué à la débourrer.

Mayana était craintive et réactive à son environnement. Mais elle apprenait aussi extrêmement vite. Si je ne progressais pas suffisamment rapidement, elle devenait encore plus réactive et apeurée. Elle vacillait entre le type peu confiant/extraverti et confiant/extraverti, parfois en quelques secondes. Sachant cela, je savais que je devais trouver le bon mélange de régularité pour améliorer sa tolérance à la peur, mais en même temps rester progressive pour ne pas lui faire perdre pas la tête.

C'est comme cela que j'ai pris en compte sa personnalité unique. Les principales difficultés comprenaient une surexcitation lorsqu'elle quittait le troupeau, une aversion pour la solitude ou le confinement dans un box, et des difficultés de concentration. Elle était très explosive et nerveuse.

Les principaux thèmes à cet âge :

- Développer une association positive avec le travail et le fait d'être montée
- Bâtir une sérénité émotionnelle
- Relaxation et bonne volonté

Stratégies d'apprentissage principales :

- Conditionner de bonnes habitudes en passant par la régularité
- Renforcement négatif
- Renforcement positif
- Techniques d'analyse et d'enregistrement
- Développer la confiance

Les tâches à apprendre :

- Accepter la sangle et la selle
- Accepter le cavalier
- Rester seule dans un box
- Avancer sur le travail au sol
- Avancer sur les compétences de base à cheval

## S'adapter à sa personnalité

J'ai adapté mon plan hebdomadaire à sa personnalité extravertie et parfois peu confiante. Je faisais cinq séances par semaine avec elle. Je prêtais attention au fait qu'elle n'ait pas plus d'un jour de repos à la fois durant les périodes pendant lesquelles je voulais vraiment avancer sur son éducation. Cela lui donnait la régularité quotidienne dont elle avait besoin pour se mettre au « travail ». Cela ne voulait pas dire que je la faisais travailler physiquement tous les jours ; je la sortais juste et la maintenais dans la routine. Pendant son débourrage, je la montais une séance sur deux seulement car elle était tardive dans son développement. Si cela arrivait qu'elle ait deux jours sans « travail » du tout, elle était bien plus explosive, et il me fallait bien plus longtemps pour la mettre dans un bon état d'esprit.

## Être régulier

Avec cette structure hebdomadaire, j'ai respecté son besoin de régularité dans mon planning. Chaque séance suivait la même routine : je l'appelais à la porte de son grand pré et j'attendais qu'elle vienne. Je passais quelques minutes à la saluer et à la câliner. Je lui mettais le licol de sorte qu'elle mette toute seule sa tête dans le licol.

## Maintenir sa concentration sur moi

Ensuite je l'emmenais sur le chemin de 400m jusqu'à la l'aire de pansage des écuries principales et les carrières. Elle était souvent très joyeuse sur ce chemin et sautait de partout. Puis je jouais à un jeu avec elle : courir, s'arrêter, reculer, et brouter pendant quelques secondes. Cela l'aidait à se concentrer plus sur moi que sur le fait qu'elle était surexcitée, et à pratiquer des compétences importantes le long du chemin.

## Etablir une routine quotidienne

Une fois arrivées aux écuries avec l'aire de pansage, je lui demandais de se tenir immobile pour le pansage sans être attachée. S'il y avait d'autres chevaux dans l'écurie, je l'encourageais à dire bonjour à chaque cheval. Sa mère était assez anxieuse vis-à-vis des chevaux qu'elle ne connaissait pas, et je voulais que Mayana soit plus confiante. Une fois que c'était fait, je la mettais dans un box avec une bonne pile de foin et je la laissais quelques minutes pour préparer la carrière et récupérer le harnachement dont j'avais besoin.

## Phase d'échauffement

Lorsque je revenais, je l'équipais pour ce que je voulais faire avec elle et l'emmenais dans la carrière. Là-bas je passais environ quinze à vingt minutes sur du travail en main jusqu'à ce qu'elle soit calme et connectée. La durée dépendait fortement de son humeur. Certains jours il fallait trente minutes, si elle était d'humeur particulièrement excitée.

Régulièrement, au début de la séance, elle était très explosive. Elle avait rarement les quatre pieds au sol simultanément. Je devais rapidement focaliser son esprit avec des exercices dès l'instant où j'entrais dans la carrière. Le reculer et les pas de côté marchaient très bien. Ou je jouais à sauter certains obstacles pendant le travail en main les jours où elle n'était pas si débordante d'énergie. Lui demander de faire de nombreux changements de directions lors du travail à la longe l'aidait aussi à plus se concentrer sur moi. Je faisais ça jusqu'à ce qu'elle se détende et me regarde au lieu de regarder ailleurs. C'était un cheval qui avait besoin de bouger ses pieds pour calmer son esprit. Et elle n'était prête à apprendre quelque chose de nouveau qu'à partir du moment où elle était calme.

## Phase d'apprentissage

Pendant la phase d'apprentissage, j'avais toujours deux compétences que je voulais améliorer et une qui était totalement nouvelle. Mayana n'avait besoin que de trois répétitions pour apprendre quelque chose de nouveau. Puisqu'elle était un cheval très intelligent et mentalement actif, je devais avancer à un rythme rapide, sinon je perdais la connexion mentale. Les trois exercices étaient liés au travail monté.

### Améliorer deux compétences

Les deux compétences que je voulais améliorer étaient sa compréhension des rênes (reculer et flexion latérale) et les aides des jambes (désengager les épaules ou les postérieurs, céder latéralement). Cela a pris environ dix minutes de plus. A cet instant, elle était détendue, connectée, et avait hâte de faire ce que je lui disais. Elle était activement à la recherche de compliments. Ensuite, soit je la montais brièvement, soit j'arrêtais la séance. J'alternais généralement entre le travail en main et le travail en main plus le travail monté.

## Les Premières fois montées

Quand je la montais, j'avais encore un plan très clair et solide : répéter deux choses qu'elle savait déjà et avoir une amélioration dessus, et enseigner un nouvel exercice (ce nouvel exercice, je le lui avais déjà présenté durant les séances de travail en main).

Les deux choses qu'elle savait déjà pendant sa troisième fois montée étaient notre routine au montoir (aller au montoir, se tenir immobile, flexion latérale, et reculer une fois montée) et marcher autour de la carrière avec assurance. La nouvelle chose était de lui demander de trotter. J'arrêtais de monter aussitôt qu'elle faisait quelques transitions montantes au trot avec compréhension et légèreté.

Avec cette mise en place, je m'assurais que je la montais seulement quand elle était dans un état d'esprit positif et calme. Je n'ai jamais eu de problèmes avec ses tendances explosives quand je la montais.

## Phase de retour au calme

Pour finir la séance, je la faisais marcher autour de la carrière, maintenant qu'elle était apte à le faire calmement. Je pouvais la laisser pousser la balle, ce qu'elle aimait vraiment faire. Puis je la déharnachais complètement et la laissais se rouler. Grâce à cela, elle a rapidement appris à se coucher sur commande. Quand je quittais la carrière, elle était toujours paisible et heureuse et, souvent, elle ne voulait pas partir.

Ensuite je la ramenais aux écuries et la mettais dans un box avec du bon foin. Puis je la laissais seule pour qu'elle apprenne la patience. Après environ trente minutes et seulement quand elle était calme, je lui ramenais quelque chose de bon à manger.

## Avoir conscience jusqu'au dernier instant

Une fois qu'elle avait fini de manger, je la ramenais dans son pré. Si le troupeau était loin de la porte, je l'escortais jusqu'au troupeau. Comme cela, j'évitais qu'elle devienne impatiente dès l'instant où je lui enlevais le licol. Pour dire au revoir, et juste après lui avoir retiré le licol, je lui donnais un morceau de carotte ou quelques-unes de ses caresses préférées. Cela l'a amenée à toujours rester avec moi après lui avoir retiré le licol, plutôt que de retourner en courant au troupeau.

\*\*\*

Avec l'aide de ces quatre exemples, j'espère que la façon d'appliquer tout ce qui se trouve dans ce livre à la vie de tous les jours est plus clair pour vous. Bien sûr, chaque cheval est différent, alors chaque cheval nécessite un plan différent. Réfléchissez à quel plan marche le mieux pour votre cheval. Tout se mêle et s'entremêle. Faire d'un cheval un élève heureux, c'est en fait agir avec conscience à chaque fois que nous sommes avec notre jeune cheval. Chaque chose que nous faisons, chaque instant a un impact. C'est nous qui avons les clés entre nos mains pour préparer toutes les situations afin que notre jeune cheval puisse grandir avec confiance et étendre son lac bleu.

# Exercice :
## Quel plan marche pour votre cheval ?

Demandez-vous toujours comment vous pouvez mettre en place une situation ou un apprentissage pour que le lac bleu de votre cheval grandisse. Comment pouvez-vous lui apprendre à vous voir comme un ami, un protecteur, un guide, un leader et comme un refuge ? Comment pouvez-vous structurer vos séances pour qu'à la fin, il se sente en confiance et accompli ?

Si vous pouvez avoir les réponses correctes à ces questions, votre cheval deviendra un élève heureux et enthousiaste qui aime passer du temps avec vous ! Laissez chaque action être guidée par l'empathie et l'amour pour votre cheval. Montrez à votre cheval lorsque vous êtes content et fier de lui – c'est la meilleure motivation qui soit pour un cheval. Trouvez la zone de confort de votre cheval et où se trouve sa zone d'apprentissage et qu'est ce qui le pousserait dans la zone rouge. Servez-vous de chaque moment avec votre cheval pour faire de lui un élève heureux et confiant !

# Mots de la fin

Vous êtes arrivés à la fin de ce livre ! J'espère que le contenu vous a inspiré pour faire de votre cheval un plaisir à vivre, un cheval à la fois facile et amusant à monter. Ce sera un voyage mémorable et enrichissant (et souvent difficile), je peux vous le promettre. Mais, dans quelques années, vous réaliserez à quel point vous avez grandi ensemble.

Vous vous connaîtrez à la perfection. Vous lirez dans les pensées de l'autre.

Vous sentirez enfin que vous avez le cheval dont vous avez toujours rêvé. Un ami.

Et vous l'avez formé.

Souvenez-vous toujours : vous pouvez faire plus que vous ne le pensez.

Vous êtes un créateur.

Faites ce qu'il faut et n'abandonnez jamais votre rêve ... laissez le rêve alimenter les bonnes décisions et vous emmener dans la bonne direction, un pas à la fois vers votre objectif. Demandez de l'aide lorsque vous êtes bloqué et, lorsque vous vous sentez découragé, souvenez-vous du POURQUOI.

Le plus important de tout cela, bien plus important que toute technique, toute connaissance théorique est de rencontrer votre cheval avec votre cœur. Que chaque action soit motivée par votre passion pour votre cheval, que votre cheval sente que vous vous souciez de lui. Laissez votre cœur vous guider dans ce voyage très personnel qui vous attend.

Alors, mettez-vous au travail et commencez à former le cheval de vos rêves !

# Références

## Chapitre 3 : Une Nouvelle perspective du leadership

### Références d'étude :

1. Krueger Konstanze, Flauger Birgit, Farmer Kate and Hemelrijkc Charlotte. „Movement initiation in groups of feral horses." , *Behavioural Processes*, Volume 103, 2014, Pages 91-101, ISSN 0376-6357, *https://doi.org/10.1016/j.beproc.2013.10.007*. (*http://www.sciencedirect.com/science/article/pii/S0376635713002222*)
2. Bourjade M, Thierry B, Hausberger M, Petit O (2015) "Is *Leadership* a Reliable Concept in Animals? An Empirical Study in the Horse." Université de Pékin, 2015, PLoS ONE 10(5): e0126344. *https://doi.org/10.1371/journal.pone.0126344*

## Chapitre 5 : Le Cheval : une proie

3. Irwin, Chris. Horses don't lie. Da Capo Press, Book 1998

### Référence d'étude :

4. Blackmore, T.L. Foster, T.M. Sumpter, C.E. Temple, W. *"An investigation of colour discrimination with horses (Equus caballus)"*, Behavioural Processes, Volume 78, Issue 3, 2008, Pages 387-396, ISSN 0376-6357, *https://doi.org/10.1016/j.beproc.2008.02.003*.

## Chapitre 6 : L'Apprentissage des chevaux

5. Zeligs, A. Jenifer, Ph. D. *Animal Training 101*. Mill City Press, Livre 2014
6. Andrew McLean, PhD, BSc, Dipl. Ed, Principes de la théorie de l'apprentissage en équitation
7. Christensen, J.W. Anim Cogn. *"Early-life object exposure with a habituated mother reduces fear reactions in foals." Département de la santé, du bien-être et de la nutrition des animaux, Faculté des sciences agricoles, Université d'Aarhus, Tjele, Danemark, 2016 https://doi.org/10.1007/s10071-015-0924-7*

## Chapitre 7 : La Personnalité unique de votre cheval

8. Lansade, Lea. Simon, Faustine *"Horses' learning performances are under the influence of several temperamental dimensions."* Science appliquée du comportement animal, Elsevier, juin 2010

9. Linda Parelli, Horsenalities

## Chapitre 8 : Les Besoins naturels d'un cheval

10. Hampson, B. A. de Laat, M. Mills, P. Pollit, Chris. *"Distances travelled by feral horses is outback Australia."* Revue vétérinaire équine, 2010, 42: 582-586. doi: *10.1111/j.2042-3306.2010.00203.x*

## Chapitre 12 : Faire de votre cheval un élève heureux

11. Burns, Stephanie, Dr. *Move closer stay longer.* Navybridge Pty Limited, 2004

12. Christensen, J.W. Anim Cogn. *"Early-life object exposure with a habituated mother reduces fear reactions in foals."* Department of Animal Health, Welfare and Nutrition, Faculty of Agricultural Sciences, University of Aarhus, Tjele, Denmark, 2015 *https://doi.org/10.1007/s10071-015-0924-7*

13. Christensen, JW, Malmkvist J, Nielsen BL, Keeling LJ. *"Effects of a calm companion on fear reactions in naive test horses."* Department of Animal Health, Welfare and Nutrition, Faculty of Agricultural Sciences, University of Aarhus, Tjele, Denmark, 2010

## Inspiration globale

Benri Zambail

Karen Rohfle, le dressage au naturel

Kalley Krickeberg

Linda Tellington-Jones

Frédéric Pignon

Pat et Linda Parelli

Printed in France by Amazon
Brétigny-sur-Orge, FR

18000960R00147